1000 m

NADAPTADOS

PLANETA JUAN

INADA

TADOS

Un viaje para entender que el mundo no es como lo pintan

SIN FRONTERAS EDITORIAL

ISBN: 978-628-7667-17-4

Coordinador editorial:
Mauricio Duque Molano
Edición:
Juana Restrepo Díaz
Diseño y diagramación:
Paula Andrea Gutiérrez R.
Imágenes:
Archivo personal del autor.

Impreso en Colombia, octubre de 2023

Para mi hermano, el argentino,
a quien le debo todo lo que sé sobre
humildad y perdón.

El planeta de Juan

Así como mi abuela siempre me decía «De eso tan bueno no dan tanto», cada vez que le ofrezcan algo que parece muy bueno mantenga la calma y no coma entero. Siempre anduve entonces por el mundo con mirada sospechosa, sobre todo por aquellos quienes viven con una gran sonrisa asegurando a gritos lo linda que es la vida. Ahí hay algo que no me cuadra: la vida perfecta, el viaje de los sueños, la foto encima de un camello en las pirámides de Egipto para llegar a chicanear a la oficina, la maleta llena y el corazón vacío.

Nunca entendí tampoco por qué toca sonreír en las fotos. ¿Quién dijo que la forma más idónea de inmortalizar los momentos era con una gran sonrisa estampada en el rostro? ¿Por qué nos obligan desde niños a fingir?

Por eso nunca me creo el cuento, porque aprendí de niño que el mundo no es como lo pintan, pero poco me imaginaba yo que, llegando a la vida adulta, iba a entender la magnitud de lo que esto significa.

Soy un ciudadano de a pie que se fue hasta Rusia en chancletas. Cuando llegué a uno de los pueblos más alejados de la tierra de La Perestroika me entrevistaron en un noticiero local, ya que nunca habían visto un turista en esa ciudad y menos latino. Durante la entrevista hicieron un primer plano de mis chancletas. Por allá en ese frío pueblo ruso creerán que todos los colombianos andamos en chancletas por ahí y esa distorsión de la realidad, en tierras tan lejanas, son el tipo de pendejadas que me hacen feliz.

Soy un irresponsable que dejó su trabajo de ingeniero estable para irse a ver gorilas en África, para pasar la noche encima de un tren de carga atravesando gran parte del desierto del Sáhara, para atravesar todo Canadá por carretera conociendo sus diez provincias, para ir a ver una casita de palo de un pescador en Nueva Venecia en la Ciénaga grande de Santa Marta, para ir a comer cuy con una familia quechua en las montañas de perú, **para salir por las calles bogotanas a buscar a mi desaparecido padre con una vieja fotografía de él y así entender, una vez más, que no, que el verraco mundo no es como lo pintan.**

Y es que yo no puedo quedarme con las ganas cuando el deseo de cometer lo que otros llaman "una locura" suena bastante cuerdo para mí. Así muchos de nosotros, quienes tenemos la cabeza inundada de sueños, de cosas que queremos hacer, algo diferente, algo alternativo, para salir de la mortal rutina, cometemos el error de contarle nuestro sueño a alguien para que, en un segundo, y con tres palabras, nos diga: «Pfff, eso es imposible». De esta manera nos tumban nuestro castillo de naipes. Ahora nos sentimos ridículos por haber soñado lo que segundos atrás nos llenaba de emoción.

—Sí, tienes razón, en qué estaba pensando, perdón. Ya vuelvo a mis labores.

De niño me llamaban loco, mi familia y mis amigos, me decían que yo vivía como en otra galaxia, en otro planeta, el planeta de Juan… y tenían razón.Por eso, y para ser coherente

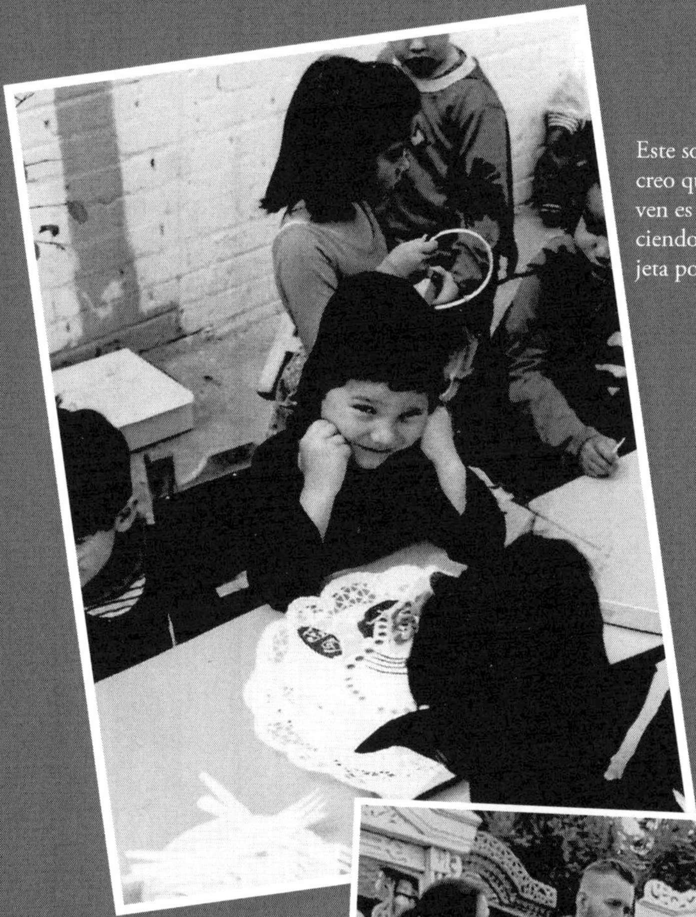

Este soy yo en mi cumpleaños creo que seis o siete, lo que ven es lo que hay: estoy haciendo mala jeta, pero es una jeta por lo menos sincera.

Mis chancletas.

con mi locura, me fui con poco dinero y en contra de la corriente a vivir solo una nueva vida en Canadá. Es allí donde comienza la historia de la creación de mi canal de YouTube, llamado PlanetaJuan, el cual, a la fecha, tiene un poco más de 1.8 millones de suscriptores, de personas que sueñan, ríen y sufren conmigo, en cada paso que doy, con o sin chancletas.

Les doy la bienvenida, entonces, a PlanetaJuan, a mi historia y la de muchos otros inadaptados que, con locura, nos harán soñar que podemos lograr cosas imposibles.

Introducción

Desde muy niño me di cuenta de que yo era un inadaptado: no encajaba tan fácilmente con los otros niños, no me reía cuando todos se reían por un chiste, el humor colectivo me parecía predecible y aburrido. Aún hoy en día me entretienen solo cosas que hasta pena me da admitir: nunca sentí emoción por los autos ni por el fútbol, pero sí sentía adrenalina al subirme a un árbol, o al techo de una casa, para ver a los otros niños jugar desde la altura, como un cuervo esperando, con paciencia, el momento de la cena o para disfrutar de mi soledad.

La palabra inadaptado está bastante satanizada. Si nos vamos por la lógica de la gramática, una persona inadaptada es alguien que no logró adaptarse a algo, sea a un círculo social, la escuela, el trabajo o la sociedad en general. Es justo ahí donde encuentro fascinación por las ironías de la vida, ya que gran parte de las cosas que conocemos han sido diseñadas por un grupo de personas años antes de que nosotros naciéramos. Venimos al mundo y ya todo funciona de cierta forma y, en un supuesto orden específico, el camino está trazado y solo hay que seguirlo en línea recta y, al que se descarrile un poco de la vía, lo llamamos 'inadaptado'.Pero ¿quién se inventó esta forma de llevar la vida? ¿Quién fue el profeta que logró que todos vistiéramos de tonos modestos para que combinen con una corbata roja? ¿Quién, acaso, nos quiere juiciosos haciendo caso en fila india y sin hacer mucho ruido? ¿Por qué? ¿Cuál será el miedo de que la gente piense y actúe por sí sola? ¿De que la gente trace su propio camino? ¿Qué es eso tan importante que tienen que perder?

En la naturaleza el plan es muy sencillo: nacer, crecer, reproducirse y morir. Pero en la inmensidad de nuestro hermoso y jodido globo terráqueo, somos los únicos seres vivos para los cuales el plan varía tan solo un poco. Nacemos, vamos a la guardería porque nuestros padres no tienen tiempo para estar con nosotros, porque trabajan todo el día; cuando estamos en casa crecemos a veces con la familia o, a veces, con una señora a la que le pagan para echarnos un ojo encima, vamos al preescolar, luego a la primaria y al bachillerato, seguimos viendo a nuestros padres, a veces por las noches y algunos fines de semana, (claro, los que tienen la fortuna o no de contar con papá y mamá al tiempo); entramos a la universidad y estudiamos lo que toque, lo que dé trabajo para no morir de hambre, es decir, nada que tenga que ver con artes. De ahí muchos nos graduamos de ingeniería, luego de la universidad nos espera la especialización, la maestría, el doctorado y, ojalá, alguno sea por fuera del país y en otro idioma. Ya tenemos más de treinta y cinco años, con una deuda impagable en el banco y esperamos que, por fin, estemos listos para conseguir algún trabajo por encima del salario mínimo. Luego nos sentamos en una silla por los próximos cuarenta años haciendo algo que no nos gusta. En el camino nos reproducimos para traer a este mundo un par de inocentes criaturas, solo para hacerles pasar por lo mismo que nosotros, aún ni entendemos la vida y ya estamos creando más vidas, unas veces por amor y otras por venganza: «Yo no voy a sufrir solo, no señor, necesito que alguien cuide de mis achaques al envejecer». Nos casamos una, dos y a la tercera nos damos cuenta de que nunca entendimos para qué lo hicimos la primera. Ahorramos una mínima parte del salario, mes a mes, porque lo demás se lo lleva una hipoteca que paga una casa donde nunca estamos, un carro que solo lo usamos para ir a trabajar y así poder pagarlo, unas vacaciones solo para que los colegas de la oficina vean una foto mía en la playa, a ver si por fin gano esa absurda aprobación social de un grupo de personas que ni siquiera irán a mi funeral.

La ridícula presión de ser alguien '*cool*', y todo esto solo por el gran final, uno de los pocos momentos heroicos del ser humano, la pensión, la tan anhelada pensión que solo les llega a unos pocos, el momento de por fin ser libres, justo a la edad cuando la brisa más ligera nos puede dejar en estado de coma, el momento donde ya no le servimos al sistema y tenemos todo el tiempo del mundo para hacer lo que queramos, pero no la salud para lograrlo.

Y si no sigues esta trayectoria, ¡eres un **inadaptado**!

Adaptarse al recorrido previamente diseñado no está tampoco mal del todo, para nada mal. Siempre sentí envidia por aquellos personajes de fácil reír, así como también sentí envidia por aquellos que amaban su trabajo. Desde afuera se veía todo más simple, ya está creada la pista y solo debes seguirla con todo lo malo y todo lo bueno que esta ofrece. Los inadaptados como yo la tenemos un poco más dura, porque tenemos que comenzar a tejer desde cero un camino con hilos invisibles, en contra de los prejuicios, de los miedos y las inseguridades. En mi caso personal, crear mi propio camino era una cuestión de vida o muerte.

En este libro encontrarán varias historias de inadaptados, algunas de esas historias con final feliz, no del tipo de final feliz que se están imaginando, algunas con finales tristes, tal cual como se lo están imaginando. Algunas peligrosas y otras llenas de motivación por parte de personajes que han logrado limpiar el nombre de la palabra 'inadaptado' para que más de uno aquí caiga en la cuenta de que, al final del camino, el mundo necesita más inadaptados, más personas que piensen y hagan las cosas diferente, más personas que no le tengan miedo al instinto y que, en contra de toda posibilidad, logren escuchar su corazón en la búsqueda de un camino que lleve a la felicidad.

En estas páginas encontrarán la motivación que necesitamos para dejar de soñar en vano, para dejar de pensar que lo mejor de la vida solo les pasa a otros, mientras vemos nuestro tiempo correr a toda velocidad sentados en la banca de suplentes. Les contaré cómo los pensamientos más inusuales son los únicos que al final sí tenían sentido y de lo mucho que estamos dejando pasar en nuestra vida por la vergüenza o por miedo de ser un simple, pero feliz inadaptado.Encontrarán historias de cómo nosotros, los que no pertenecemos a ningún sitio, vamos por la vida desmintiendo, en carne propia, la imagen del mundo que desde chicos nos están vendiendo hasta en la cajita de cereal. Un mundo que solo existe por estrategia, donde nos ofrecen recompensas a cambio de sacrificios, como si el tiempo y la piel fueran eternos.Trataré de mostrarles nuestra propia incoherencia desde la base, desde los hogares latinoamericanos de los cincuentas, donde traer hijos al mundo era un deporte y ni siquiera uno extremo. Aquí les propongo enfrentar nuestros miedos más profundos, cacheteando a ese niño interno a ver si despierta de una vez y pega un grito para darse cuenta de que está vivo. Nos haremos las preguntas importantes, las que duelen y dan miedo, será bastante liberador.Yo sé que muchas veces queremos dejarlo todo tirado y salir corriendo detrás de una idea romántica de comernos al mundo de un mordisco o solo porque vimos la película *Comer, rezar, amar,* y creemos que renunciando a nuestro trabajo y gastando nuestros ahorros en viajar a la India nos va a pasar lo mismo que a Julia Roberts. Yo entiendo que la vida pesa y seguir tantas reglas es muy abrumador, pero antes de tirar la toalla o decirle un par de verdades a su jefe en la cara, aquí les dejo esta guía práctica para llevar la anarquía con elegancia y discreción, para que al final de estas páginas ustedes mismos decidan qué tipo de inadaptado en verdad quieren ser…

Un viaje no convencional comienza desde la infancia, inclusive desde el vientre materno; y yo no estoy aquí para buscar excusas ni para jugar el papel de víctima, diciendo que es gracias a que mi padre me apuntó con un revólver cuando yo tenía dos años de edad que pienso diferente, actúo y siento distinto; no. Tampoco es gracias a que durante una de sus borracheras, mi padre entrara a mi cuarto para romper todos mis juguetes con un machete sin dar explicación alguna, no. No es con mi historia de haber escapado con mi madre a una red de trata de personas que vengo a pedir compasión en estas páginas, no la necesito. Pero si, tal vez, todos estos eventos, y muchos más, forjaron el carácter necesario en mí para perderle miedo al mundo, para verlo sin máscara y entender sus diversas realidades; tal vez por todo lo vivido he aprendido a no dejarme deslumbrar con palabrería barata ni paisajes ficticios para atrapar turistas, tal vez por eso veo al mundo de la forma tan maravillosa que lo veo, sin maquillaje, crudo, real y hermoso. He coleccionado un par de historias que les harán entender a lo que me refiero, a ver el mundo desde una perspectiva verdadera, sin filtros ni mentiras.

Esta aventura comienza en la siguiente página.

PARTE 1

LA RAÍZ DE UN INADAPTADO

Capítulo 1

¿Quién carajos me trajo aquí?

Bogotá, Colombia, 1950

Así como la gran mayoría de nosotros, yo no pedí que me trajeran a este mundo y acá estoy, viviendo una experiencia que pocos logran entender. Y así como ninguno de nosotros escogió estar aquí, mucho menos escogimos quién nos iba a traer. Es justo ahí donde esto se pone interesante...

En algunas ocasiones la mezcla entre dos desconocidos sorpresivamente sale bien; hay familias que son entretenidas solo de ver lo bien que funcionan: familias perfectas, como de comercial de televisión gringa de los ochentas, de película, de esas que tapan a sus hijos con la cobija, les dan el beso de buenas noches y les dicen «Te quiero, hijo» antes de dormir, mientras un *golden retriever* de rubia y abundante melena se acuesta viendo a un joven dormir, vigilando que todo esté bien, protector, desde su colchoneta cómoda y redonda en el piso junto a la cama, como en Hollywood.

Todo es paz, todo suena muy bonito, pero ¿será que en estos hogares que parecen perfectos la cosa siempre es así o no nos están ocultando algo? La síntesis de la vida misma necesita un poco de entropía. Verán, más allá de la belleza, para mí la vida es la unión de varias ironías juntas y mutuamente incluyentes, analicemos la siguiente situación:

Yo nací en Ciudad de Panamá, soy de madre colombiana y padre argentino, y para confundir aún más mi problema de identidad, vivo en Canadá hace más de diez años. Cuando me preguntan de dónde soy la respuesta va a variar. ¿Cómo fue que terminé en esta encrucijada de identidad? Pues como todas las grandes tragedias de la historia de la humanidad, todo comenzó con una historia de amor.

La Bogotá de los años cincuenta

A muy temprana edad, mi abuelo conoció a la que sería su compañera de vida por toda la eternidad, su primer amor y única mujer. Un matrimonio de esos de antaño, de los que sí duraban hasta que la muerte los separe. Así es amigos, esos matrimonios existían antes. Caminando por las calles del centro de Bogotá, mi abuelo se dirigía a la farmacia para colocarse una inyección, sin tanto protocolo ni fórmulas médicas.

El señor Díaz ingresó al consultorio a donde le iban a poner dicha inyección, pero no lo hizo como cualquier tipo, no. El señor Díaz caminó con ese garbo característico del típico rolo de los cincuenta, porque él creció en una Bogotá elegante, una Bogotá de buen vestir, una Bogotá de señores de traje, gabardina y sombrero. Una ciudad de palabras extraordinarias como 'caray', 'carachas' o 'chirriado'.

Cuando el señor Díaz entró al consultorio, se encontró, cara a cara, con una hermosa joven enfermera quien lo atendería. «Siga señor, recuéstese en la camilla mientras preparo la inyección». Mi abuelo se enfrentaba en ese justo momento a un ataque de kriptonita, su más grande y tal vez única debilidad: la sonrisa de una guapa mujer. Si algo hacía bien el abuelo era coquetear. En el caso del encuentro con esta bella mujer en la farmacia, mi abuelo tenía una ventaja y es que lo primero que conocería ella de él serían sus nalgas. Es así, más o menos, que mi abuelita cuenta la historia de cómo conoció al abuelo:

«Pues cómo no me iba a enamorar de él a primera vista si lo primero que me mostró fueron las nalgas», cuenta ella aún hoy con exquisita picardía.

Días después tuvieron su primera cita. El hecho de que mi abuelo entrara en aquella farmacia cambiaría para siempre la vida de mi abuela, una joven nacida en una finca de San Francisco, Cundinamarca, la segunda de menor a mayor de quince hijos, que se fue a la gran ciudad para ponerle inyecciones en las nalgas a los bogotanos.

Así comenzaron el señor Díaz y la señora Bohórquez una relación en la que ocurrieron una serie de eventos que llevaría a que, varias generaciones más tarde, esté yo escribiendo las páginas de este libro mientras voy sentado en un avión desde Fukuoka hacia Hong Kong.

Mis abuelos, contrario al título de este libro, fueron toda la vida sujetos muy bien adaptados, supongo que, en gran parte, debido a la falta de opciones. La vida era más simple en aquel entonces, no había redes sociales que nos mostraran lo increíble que es la vida de otros a excepción de la nuestra. Hoy es muy fácil creer que podemos elegir, y sí, claro que podemos, en algunas ocasiones, pero en la gran mayoría de los casos, tantas opciones generan frustración, ansiedad y falta de seguridad.

El ramillete de cinco "flores"

Luego de un par de citas y caminatas largas por la carrera Séptima, comiendo helado sin miedo a que pasara un desgraciado a robarles un celular (que en ese tiempo ni siquiera existían), los abuelos se casaron y, de esta forma, se abrieron las puertas de la fábrica número uno de las familias latinoamericanas de antaño: la fábrica de hacer bebés. Así es como mi abuela dio a luz a cinco hermosas e inofensivas criaturas, una tras de otra, todas mujeres. La primera de ellas, mi señora madre. Mi abuela siempre cuenta estas historias con ternura. A sus cinco hijas las llama su 'ramillete de cinco flores', tanto así que a una de ellas le puso el nombre de Margarita. Era entretenido escuchar las historias de la abuela, como cuando compraba tela para hacerles vestidos a las cinco porque comprar ropa era caro y no había plata para tanto lujo. La abuela compraba tela roja y así las cinco quedaban de rojo, cuando compraba tela amarilla, las cinco quedaban de amarillo.

Desde el nacimiento de la primera hija, el señor Díaz consiguió un trabajo estable como contador de una gran cadena extranjera de centros de comercio que hoy en día ya no existe, o por lo menos no en Bogotá, llamada Sears. El ideal de ese entonces era tener familia, hijos y conseguir un empleo estable para mantenerlos. Mi abuela, mientras tanto, renunció al oficio de la enfermería para dedicarse a un trabajo altamente demandante, el trabajo del hogar, aunque nunca dejó de lado sus conocimientos de enfermería. No hay un solo miembro de mi familia que no se haya hecho pinchar, por lo menos una vez, con una jeringa por la abuela.

Al crecer, el ramillete de cinco maduró en cinco bellas jovencitas y, como el viejo trabajaba todo el día, las visitas de sus novios se hacían en la casa, bajo el consentimiento y supervisión de su mamá. Claro, a escondidas del señor Díaz. Mientras tres parejas estaban en la sala de la casa hablando y jugando cartas o pasando el rato, otras dos parejas servían de vigilantes para detectar la llegada del señor Díaz a casa. Si esto ocurría los novios saltaban por la ventana a escondidas para salir corriendo, como quien quiere salvar su vida.

El terror de una flor

Mi madre era una muy bella joven de ojos verdes y pelo negro, además fue la primera en ingresar al colegio. Un día le dio por subirle el ruedo a su falda del uniforme, tal vez para sentirse más bella. A su padre eso no le gustó y el castigo fue monumental, con correazos bajo una ducha de agua fría.

Mi madre se llevó la peor tajada de ese abuelo violento como ninguna otra persona sobre la faz de la Tierra, por el solo hecho de cometer el desafiante error de ser la hija mayor, con la que un padre aprende a cometer errores. Pasaron los años y, poco a poco, las cinco hijas del señor Díaz entraron a la universidad.

Mi mamá a estudiar psicología, en su inconsciente búsqueda de encontrar las herramientas para curar su corazón y su hermana, Margarita, a estudiar contabilidad. Margarita siempre la tuvo clara desde muy niña, ella quería estudiar una carrera que tuviera buen futuro laboral para garantizarse una vida estable y así poder tener una familia con la cual disfrutar de sus días de pensión, una fórmula que a ella le funcionó muy bien años más tarde. Pero la misma fórmula no aplica para todos, así en nuestra casa nos digan lo contrario, como yo, por ejemplo, que estudié ingeniería, dándole prioridad al resultado de una ecuación diferencial sobre mi propia salud mental.

"Te amo, porque no hay de otra"

Las familias se crean por razones distintas y en algunas ocasiones en nombre del amor, en búsqueda del camino hacia la felicidad, pero no siempre ese es el caso.

—En la universidad hay un profe que me tira los perros, pero a mí no me gusta, está muy cucho para mí, pero si quiere se lo presentó —le dijo una de sus hermanas a mi mamá.

Mi mamá accedió a conocer a este misterioso sujeto de traje y sombrero que fumaba pipa, profesor de contabilidad en la universidad a la que asistía su hermana. El profesor, al ver a mi madre, le echó el ojo encima y, por supuesto, el tipo dominaba muy bien el arte de la conquista: hablaba de temas muy interesantes y todos en la casa, incluyendo los abuelos, lo encontraban como muy buen partido para mi mamá, excepto mi mamá. Ella fue tal vez la primera inadaptada de mi familia, la primera revolucionaría que no quería seguir el camino diseñado ni el consejo de sus padres…

—El profesor es un buen partido, hija —le decía el abuelo.

Ella no quería saber nada de eso, aunque llevar la contraria a su padre significaba cargar en su piel un par de latigazos más. Pero el tiempo no estaba a su favor y su urgencia por encontrar la independencia la llevó a contemplar otras alternativas antes de terminar con el profesor. En ese momento conoció a un joven cantante de salsa de su edad, un hombre de piel morena nacido en Quibdó, capital del Chocó. Este personaje tenía una gran sonrisa y mucha energía en sus caderas al bailar. Mi madre se dejó deslumbrar por lo que para un niño debería ser normal: conocer a otro niño de su edad. Así inició ella una relación de 'loca juventud' con este joven cantante, quien años después sería muy reconocido en la radio como Jairo Varela, y su grupo, el grupo Niche.Luego de un par de meses conociendo la vida nocturna de los rumbeaderos *underground* de salsa en Bogotá, mi mamá comenzó a sentir que esa vida no la sacaría de su necesidad, entró en pánico, tomó el teléfono y realizó una de las primeras llamadas que marcaría su vida para siempre:

—¿Puedes venir a recogerme? —le dijo mi mamá al profesor—. Este ambiente está muy pesado.

—Claro, dime dónde estás y ya paso por ti.

Mi mamá sintió con el profesor lo que nunca había sentido antes, seguridad. Esa seguridad que su propio padre intentaba darle, pero en la que el miedo hacia él era superior. En cambio con el profe era pura y genuina seguridad, sin esperar nada a cambio. O por lo menos así lo creía mi mamá.

"Mi hija se casa"

El sueño de todo padre de los años cincuenta, sesenta o setenta: tener muchos hijos para luego verlos casarse a todos. El señor Díaz estaba muy contento de que su hija mayor saliera de la casa vestida de blanco y la entregó como si fuera una muñequita en las manos de un señor casi que contemporáneo a él.—Aquí le entrego a mi hija, me la cuida como si fuera suya —dijo mi abuelo.

—La cuidaré hasta el último de mis días —prometió el profesor.

Una promesa se cumplió, ya que mi mamá no volvió a recibir golpes nunca más en su vida. Sin embargo, el profesor tenía un secreto muy bien guardado, que años más adelante sería imposible seguir escondiendo por la naturaleza del mismo.

El profesor era un tipo muy distinguido y reconocido por la alta sociedad capitalina. Todo por fuera de la casa era perfecto, pero una vez estaban solos, en su nuevo hogar, mi madre y su reciente esposo, el ambiente se respiraba distinto, nunca con faltas de respeto ni agresividad, pero sí con un sutil trato de indiferencia. A mi mamá le faltaba experiencia y en ese momento le sobraba comodidad. Unos meses más tarde mi mamá quedó en embarazo.

La primera hija de mi madre, mi hermana mayor, nació en esta casa perfecta, con una familia que ante la opinión pública también era ideal. Justo desde el momento de su nacimiento todo cambió. El secreto del profesor, padre de mi hermana, vería la luz cada día más, pues él dejaría de esconderse en el clóset, para salir de este, literalmente.

—Se comporta muy raro, ya casi ni me habla, mucho menos me toca, es como si yo en la casa no existiera, no sé qué le pasa. También me parece raro que tenga tantos amigos adolescentes que vienen a visitarlo a la casa, ¿serán alumnos de sus clases? —le decía mi mamá a su padre.

—Dejame hablar con él —respondió el señor Díaz.

Mi abuelo llegó a la universidad y sin vacilar subió las escaleras en dirección de la oficina del profesor y golpeó la puerta, de frente y sin avisar. El señor Díaz era fiel a su instinto escorpiano, que lo llevaría a tener varios problemas más adelante en su vida, al igual que a ganar algunas batallas por desconfiado. Su instinto cuando vio la expresión de sorpresa del profesor al abrir la puerta le indicó que algo estaba mal: «Algo hay aquí fuera de lo normal», pensó el abuelo. El profesor estaba muy acelerado, entre amable, pero cortante, y no dejaba de hablar sobre cualquier cosa con tal de rellenar evidentes espacios de silencio que lo delataban. La manía de tener 'amigos' adolescentes del profesor se volvió cada día más evidente. En ese momento el matrimonio carecía de sentido. Luego de hablar con el profesor arreglaron cómo sería el tema de la separación: el profesor le dejó la casa donde vivían, «Quédate aquí, pero te encargas de pagar el alquiler», le dijo el profesor a mi mamá. Así fue como ella se dio cuenta de que la casa no era propia, sino alquilada. Todo fluyó en buenos términos por medio de diálogos muy civilizados, inclusive el profesor se ofreció a hacerse responsable no solo financieramente, sino de todos los demás aspectos posibles, que garantizaran la estabilidad de su hija, mientras mi madre terminaba sus estudios para lo cual, sin tener idea de lo que estaba ocurriendo, mi madre aceptó firmar un acuerdo del que, un tiempo más adelante, descubriría que en realidad lo que había firmado era la sesión de la custodia de su propia niña, quien apenas cumplía un año de edad. Una realidad que la golpeó de frente en un tribunal de justicia, cuando, sin lograrlo, intentó recuperarla. Ante el juez no había nada qué hacer: el papel estaba firmado y lo único que se escuchó ese día en el juzgado fue el grito de desespero que quebraría en llanto a mi madre, al enterarse de que, en contra de su voluntad, por confiada e inocente, le acababan de arrebatar a su hija de las manos. Así fue como mi hermana creció con su papá.

Nunca sabremos lo que escondía el profesor, en verdad, en su corazón, por lo menos no de su propia boca. Muchas personas que lo rodeaban sufrieron las consecuencias de su doble vida, empezando por mi madre, pero sobre todo por su hija, una bella princesa amazónica de piel morena, pelo y ojos negros, que desde el inicio de su vida confrontó las realidades que su padre nunca logró explicar; fiestas homosexuales con varios jovencitos a la vez en su propia casa mientras que mi hermana, sola, trataba de entender la vida desde su habitación.

La palabra inadaptado no tiene buena fama, porque después de leer el texto que describe las andanzas del profesor la mayoría de las personas podrían llamarlo de esa forma. Yo, sin embargo, no lo veo como un inadaptado, sino como una persona que pudo haber tenido una vida libre y decidió no hacerlo, porque intentó, por todos los medios, demostrarle a la sociedad que él sí encajaba, por medio de la imagen de una figura familiar estable para ser aceptado dentro de su círculo social. Si el profesor hubiera decidido vivir defendiendo su verdad hubiera sido libre. Así tal vez el profesor, para mí, hubiera sido y con la frente en alto, un increíble inadaptado. Y tal vez no se hubiera hecho tanto daño a sí mismo y a los demás.

Capítulo 2

Un argentino en Bogotá

Bogotá, Colombia, 1980

Mi abuelo pudo haber sido un tipo muy duro en cuanto a sus métodos de crianza, la mayoría de las veces bastante inexpresivo a la hora de demostrar sus emociones. Rara vez se lo escuchó un «Te quiero», y menos un «Te amo». Era un tipo serio, frío y que inspiraba una mezcla contundente de temor con respeto, pero lo que tenía a su favor es que el abuelo era firme con los suyos. A él lo buscaban cuando alguna de sus hijas tenía un problema, porque sabían que, a pesar de todo, él era incondicional. Mi abuelo fue un pilar emocional muy importante a la hora de la pérdida legal de la hija de mi mamá.

Mi joven y recién divorciada madre recibió mucho apoyo por parte del señor Díaz, ya que a sus tiernos diecinueve años, mi mamá ya había experimentado varios altibajos en su travesía hacia la vida adulta. Mi abuelo la ayudó en algunos de sus múltiples intentos por recuperar a su hija, pero ante la ley, y con la custodia firmada, no había mucho que pudiera hacerse. Ella vivía ahora sola en una casa grande y cómoda, por lo cual decido alquilar sus habitaciones a algunos estudiantes que compartían clases con ella en la universidad. De esta forma sus nuevas inquilinas pagaban el alquiler de la casa casi por completo, mientras ella se concentraba en tratar de terminar sus estudios en psicología.

Pasaron los meses y la aceptación de su nueva realidad se convirtió en rutina, así mismo también se volvió cotidiana la escasez de la moneda, lo que pagaban las chicas por la renta alcanzaba justo para pagar los gastos de la casa y, sin un título universitario, la preocupación económica ocupaba la mente de mi madre gran parte de su día a día. Ella comenzó a buscar trabajo de psicóloga sin graduarse entre amigos y familiares, utilizando el viejo truco del voz a voz. Fue esa misma constancia la que llevó a mi madre a preguntarle a cada uno de sus contactos sobre posibilidades laborales, a lo que su tía, la hermana de mi abuelo, le respondió:

—Mija, yo no necesito ahorita psicóloga, pero sé quién podría necesitar una.

—Tía, me interesa —respondió mi mamá con entusiasmo e ingenuidad.

—Es para el amigo de mi novio, el argentino, que está más loco que una cabra —le dijo su tía, a modo de broma.

—Nooo, tía, es en serio, yo ahorita no estoy para juegos, necesito encontrar un trabajo —le respondió mi mamá, un poco decepcionada.

—Solo conózcalo mija, se llama Adrián, no solo es muy interesante, es chistoso y también buen mozo el argentino ese —completó así el chiste su tía.

—Tía yo ahorita no estoy para conocer a nadie.

Pero sí lo conoció

Al aceptar la invitación de su tía, mi madre mostraba aún indicios de ingenuidad absoluta, porque poco se imaginaba ella que iba a ser víctima de un maravilloso y deslumbrante efecto que atacaba a la gran parte de la población femenina de aquel entonces en Colombia: escuchar el acento argentino de un noble caballero.

Llegó mi madre a encontrarse con su tía y los dos argentinos en el parque Nacional de la ciudad de Bogotá, un domingo perfecto, de esos bogotanos, cuando la nube gris y la lluvia de la ciudad se apartan para dejarnos contemplar, por unas horas, nuestro escaso sol, un día ideal para caminar por la carrera Séptima hasta la plaza de Bolívar, compartiendo un rico cono de helado de vainilla, entre olor a miados y grafitis. Dicen que el ser humano se enamora de verdad una o dos veces a lo largo de su vida. Ese momento justo fue, sin duda, la primera vez de mi mamá.

Estos dos argentinos llegaron a Colombia por carretera. Es muy común que los argentinos quieran hacer la ruta desde Argentina hasta Alaska. Yo no sé qué le sirven en la sopa a los argentinos desde niños, pero hay muchos de ellos que quieren atravesar el continente, algunos llegan hasta Norteamérica, algunos otros hasta México, el lugar del mundo donde el Che Guevara conoció a Fidel Castro para juntos planificar la estrategia militar que llevaría a la victoria la Revolución Cubana, y algunos otros como mi padre, llegan solo hasta Colombia, ya que para el argentino también existe un extraño fenómeno que sucede al conocer una mujer colombiana.

Mi madre nunca se había entretenido tanto caminando por el centro de Bogotá gracias a las historias de un intrépido joven que le pintaba con palabras bonitas otra cara de la moneda, una cara de la moneda que mi madre jamás creyó posible. Ella lo llevó al cerro de Monserrate, para intentar deslumbrarlo con su belleza:

—Está muy linda la ciudad, pero tenés que ver a Buenos Aires —comentó el argentino, decepcionando la ilusión de mi mamá.

Ese día mi madre entendió que los argentinos practican una religión monoteísta donde Maradona es Dios, y Buenos Aires, su templo. Donde el vino es una reconfortante bebida llamada mate y la eucaristía se lleva a cabo todos los días, a veces acompañada de unas divinas y angelicales empanaditas horneadas con chimichurri, otras veces, acompañada de un invento gastronómico de los dioses de la antigua Macedonia, llamado milanesas a la napolitana.

Dos de carne y una de pollo

La comida era parte fundamental de la vida de aquel intrépido argentino: más importante que el aire, era la comida para poder respirar. Y ya que él no solo tenía el don de la palabra, sino también el de la cocina, mi madre y él sin pensarlo comenzaron una de las relaciones que hoy todavía la hacen sonrojar. El argentino también era bastante creativo a la hora de buscar el dinero y, combinando esto con su habilidad a la hora de hacer empanadas, nació allí una nueva etapa en la vida de mi madre, una que vio la luz gracias a una idea que más de un colombiano de a pie alrededor del mundo ha tenido por lo menos una vez en su vida: ¿y si montamos un negocio de empanadas?, le propuso mi madre entusiasmada al argentino.

El argentino se apoderó de la cocina de la casa de mi madre para que, como en un lienzo sobre ella, diera vida al arte de la empanada argentina en Bogotá. Una nueva pareja colomboargentina estaba a punto de florecer, entre tangos, aguardientes y empanadas.

Mi madre y el argentino conocieron, con su negocio, por primera vez la palabra 'ahorro'. Sin embargo, había una realidad que llegaría, de repente, abofeteando sin anestesia el delicado e ilusionado cutis de mi madre.

—Bueno, yo debo continuar mi travesía, era una parada en mi recorrido hacia el Norte, —le dijo el argentino.

Lo comentó sin vacilar, como una manera dolorosa de poner los pies sobre la Tierra. De un momento para otro, la relación conocería una de las más comunes y desafortunadas torturas que puede llegar a tener una pareja de enamorados: una relación a larga distancia.

El argentino empacó sus pocas pertenencias y con su buen amigo 'El judío' continuaron su aventura, dejando atrás, y al mismo tiempo, los dos corazones rotos de sus amores a la colombiana. Mi mamá y su tía. La tía de mi madre decidió terminar la relación antes de que 'El judío' se fuera de Colombia. Por otro lado, mi mamá insistió en creer que las relaciones a larga distancia, tal vez en este caso en particular, podrían ser una buena idea.

—Aquí la cosa está buena y hay muchos dólares que se pueden hacer —le decía el argentino a mi madre, refiriéndose a Ciudad de Panamá.

En más de una ocasión el argentino le insistió a mi madre que fuera a visitarlo a Panamá. Le decía que esa ciudad prometía un futuro próspero y había muchos negocios que podrían hacerse, que ellos juntos podrían llegar muy lejos en el país del arroz con guandú. Pero mi madre estaba escéptica ante la idea de salir de su tierra a un lugar desconocido, aún más sabiendo que le faltaba todavía mucho para terminar sus estudios en la facultad de Psicología. Pero cuando el corazón nos da una orden solemos traicionar a la razón.

Sorpresa

Entonces, mi mamá se montó en un avión hacia Ciudad de Panamá, en contra de todo pronóstico, desafiando la lógica, también a sus padres, dejando atrás una carrera profesional, sin terminar, sin miedo al qué dirán y con algunos dólares en el bolsillo, como toda buena inadaptada.

Así pasaron unos meses, entre aviones, migraciones y sellos en el pasaporte.

Mientras el argentino trataba de entender la dinámica económica de Panamá, también ayudaba a mi madre con su nuevo emprendimiento de empanadas cuando iba a Bogotá. La última vez que Adrián Alfonso Rodríguez, alias 'El argentino', fue a Bogotá para honrar esta nueva mecánica sentimental, se encontró de frente con la gran sorpresa de que en la capital colombiana no lo esperaba solo mi madre, sino también el que sería su hijo, quien nacería meses después.

El argentino estaba apunto de ser padre y decidió quedarse unos meses en Colombia con ella, perdió su vuelo de vuelta Panamá, se untó las manos de harina haciendo muchas empanadas para ahorrar dinero, mientras decidían qué hacer con la nueva propuesta de traer un nuevo ser a este simpático lugar llamado Tierra.

Mi madre estaba a punto de compartir el nacimiento de un nuevo ser humano con una persona que la deslumbraba con su acogedora forma de ser, que la hipnotizaba con sus historias de aventura. Él era de ese tipo de personajes que le cae bien a todos y demasiado rápido, que apunta de chistes y buenos ratos camuflaba muy bien su pasado, del cual casi nunca hablaba. Un pasado que hubiera sido una buena idea haber investigado un poco más, sobre todo antes de tomar la decisión de irse con él de manera definitiva a Panamá.

Mi mamá y el argentino viajaron entonces a Ciudad de Panamá, con la barriga de mi madre llena de los huesos que componen mi actual anatomía, decididos a comenzar una nueva familia en un extraño país para los dos.

La fiebre del oro panameño

En la década de los ochentas, muchos cazadores de tesoros terminaban en Ciudad de Panamá, gracias a la fiebre del oro panameño, la cual se camuflaba en el dólar, el comercio, la abundancia y la facilidad para hacer negocios. Pero Panamá siempre ha sido así. Está escrito en las páginas que dictan su destino desde los tiempos del pirata Morgan, la pesadilla de los conquistadores españoles que los obligaba a cambiar la ubicación de la ciudad cada vez que este personaje llegaba con su grupo de rebeldes a destruirlo todo, con tal de robarles el oro a los españoles, el cual unos meses antes, ellos mismos le habían robado a los Incas en el Perú.

Es ahí, en ese mismo país, donde tanto los indígenas como los colonizadores conocían las rutas que llevaban del Atlántico al Pacífico entre la selva, donde años más tarde vendrían los franceses para trazar, sobre la misma línea, los cimientos de un canal que no lograron terminar hasta que se lo entregaron a los estadounidenses. En ese mismo suelo, donde años más tarde llegaría una nueva familia colomboargentina a formar un hogar en el barrio de Betania. Es ahí, en una casita amarilla, donde nací yo.

La vida a todo color

Mi mamá recuerda sus primeros años en Panamá con mucho color y un esperanzador tono de alegría, la ilusión de formar su propio hogar de la mano de quien por fin le daba un significado a la palabra 'amor' en su vida. A medida que pasaba el tiempo, mi madre se iba dando cuenta de las mil y una realidades que definieron el actual camino de mi padre. Mi nacimiento fue una pieza clave, porque a través de mí, ella también logró entender un poco sobre su ADN, con pequeñas pistas, como el hecho de llegar al mundo pesando alrededor de cinco kilos, casi el doble de lo que pesa un bebé normal recién nacido. Gran parte de mi peso al nacer estaba concentrado en una monumental cabeza de alienígena que hoy en día conserva su tamaño, haciéndome ver todavía sorprendentemente cabezón.

Mi padre acompañó a mi madre durante todo el proceso del parto y, como a casi todos los bebés, cuando nací, me metieron en un cuartico de exhibición donde ponen a todos los bebés recién sacados del horno, como si fuéramos *baguettes* en una panadería. Desde el otro lado de la vitrina, mi padre me observaba, acompañado por mis abuelos colombianos, quienes se pegaron el viaje hasta Panamá para verme nacer. Mi padre me reconoció entre la multitud de recién nacidos y le dijo a mi abuela: «Ese de ahí, es mi hijo, lo reconozco porque es igual de pelotudo que su padre», mientras con su dedo apuntaba directamente a mis testículos.

La tarea de reconocerme era pan comido para mi viejo, ya que él ya había tenido la experiencia de ver a muchos bebés de su familia argentina al nacer. Todos los bebés que compartimos la genética del lado de mi padre somos igualitos durante las primeras semanas de nacimiento: grandes albóndigas, calvas y barrigonas, como la versión en carne y hueso de la marca de

Mi cabeza y yo.

En ese pasaporte solo hay cuatro sellos, el de salida de Colombia, entrada a Panamá y viceversa.

Michelin.Así fue como mis abuelos no solo salieron de Colombia por primera vez, sino que, por consecuencia, también, hicieron las diligencias para sacar su primer pasaporte.

El señor Díaz no se iba a perder el nacimiento del primer varón de su familia, o por lo menos el 'legítimo', ya que el viejo nos daría unas cuantas sorpresas más adelante.

Mis abuelos conociéndome en Ciudad de Panamá.

Pero volviendo a la historia de mi padre y sus múltiples esfuerzos para siempre caerle bien a los demás, sobre todo en esta ocasión a su exigente suegro y abuelo de su nuevo hijo, hizo lo posible para que la estancia de mis abuelos en Panamá fuera de lo mejor. Eran tiempos de prosperidad emocional y económica para el nuevo hogar que estaban formando en Panamá. Mi padre esperaba a su suegro con un elegante automóvil para su completa disposición, le entregó la llave y le dijo: «El tanque está lleno para que lo usen como si fuera suyo, suegro», pero a pesar de estos buenos tratos, mi abuelo nunca estuvo seguro del argentino. Un par de años más tarde nos daríamos cuenta de que el abuelo tenía toda la razón.

En esta ocasión, a mi madre le tocó aprender a criar un hijo por su propia cuenta, ya que no tenía la ayuda de una niñera a tiempo completo, aunque a veces la vecina le enseñaba algunos quehaceres de la vida cotidiana, bastante útiles para una madre que se queda en casa. El argentino salía muy temprano a buscar el sustento para el diario vivir y, era tan bueno en los negocios, que muy rápido llegó a tener dos locales de compraventa de oro en el centro de Ciudad de Panamá: tenía empleados y los bolsillos con grandes fajos de dólares americanos.

La vida a blanco y negro

Los dos primeros años pasaron rápido y en armonía, aunque bastante solitarios para mi mamá, encerrada la gran mayoría del tiempo en una casa con su hijo. Poco a poco la soledad y el aburrimiento comenzaron a hacer las preguntas indicadas, preguntas que casi nunca tenía la oportunidad de discutir con su esposo, quien llegaba siempre tarde del trabajo, cansado o con un par de copas en la cabeza. Preguntas clásicas como, por ejemplo: «¿Dónde estabas? ¿Con quién estabas? ¿Quiénes son tus amigos?». Esos interrogantes se convertirían muy rápido en misterios muy difíciles de resolver, ya que mi padre era un experto evadiendo, de buena o mala manera, las preguntas que lo hicieran hablar sobre su vida personal.

Aquí comienza el descenso del argentino, la recaída, como si llevar una vida tranquila le pesara tanto en los hombros, que el afán de sabotearla se volviera inevitable, como una bomba de tiempo. Mi padre era tan reconocido por ser un tipo muy amable y amiguero, pero muchas de sus 'amistades' se aprovechaban de ello. Después del trabajo, llegaba el argentino de vuelta a su casa después de una fiesta, a veces solo, a veces acompañado de uno o dos amigos: mucho ruido, música duro y botellas de alcohol, justo lo que una madre quiere ver a las nueve de la noche, cuando ya su hijo de un año por fin logra conciliar el sueño.

Las fiestas en la casa se salieron de control, atando cabos mi madre comprendió muy rápido que el negocio iba bien, pero que sus ganancias estaban mal enfocadas. El corazón de las personas tiene límites, por más ingenuas que parezcan. Un día mi madre se levantó en la mañana y, al bajar al primer piso de la casa, se encontró con la sala repleta de botellas vacías, muchas personas durmiendo alrededor de ellas, algunas incluso roncando, un escenario que se volvió cotidiano con el tiempo, solo que esta vez, con la pequeña diferencia de que uno de los señores que pasó la noche en su casa se despertó al verla y la persiguió hasta la cocina. Algunos de los otros huéspedes indeseados también se despertaron, pero esta vez al escuchar el ensordecedor grito que pegó mi madre cuando sintió de cerca el tufo de un borracho, quien decidió agarrarla por detrás, con una mano en su cadera, y la otra en su cintura. A gritos sacó a todos los borrachos de su hogar y su esposo la regañó por no saber tratar bien a la visita.

A la casa de mi madre comenzaron a llegar personas sin invitación, como el día en que llegó un amable, pero serio caballero de ceño fruncido, quien con su acento panameño le pidió a mi mamá una plata que le debía el argentino. Mi madre, evidentemente, no tenía idea del dinero en cuestión. O como el día que uno de los empleados del 'argentino' le llegó a mi madre con el chisme de que el argentino andaba con otras mujeres que iban a visitarlo a la oficina.Es así como se comienza a ver a la persona que amas como un perfecto extraño. Mi madre se dio cuenta de que, al final, ella no tenía ni idea de quién era este señor o por lo menos la idea que tenía de él no era la más acertada después de todo.

La matanza de los peluches

La cosa se degradó a gran velocidad cuando mi madre llegó de hacer mercado un día en la mañana, instaló el coche de bebé enfrente de la casa, donde reposaba yo y algunas bolsas llenas de vegetales, carnes y leche, sacó la llave para abrir la puerta y al meterla en la cerradura se dio cuenta de que la puerta ya no tenía seguro.Mi mamá entró a la casa para encontrar un monumental desorden: todos los muebles al revés, las vitrinas en el piso con los vidrios rotos, y mientras más ella más entraba a la casa, más sorpresas terroríficas encontraba. Subió muy lento por la escalera y sin hacer ruido, dio la vuelta para investigar la habitación matrimonial, para darse cuenta de que allí también se encontraban todas las cobijas desordenadas, las tablas de la cama rotas, deformando la simetría del colchón, como si alguien hubiera saltado enfurecido sobre ella; los pocos cuadros en el piso, los portaretratos con nuestras fotos familiares rotos, el clóset abierto de par en par, con toda la ropa por fuera, formando pequeñas montañas en el piso. El silencio de la casa era en ese momento intenso, estruendoso. Cuando mi madre salió de su habitación para entrar en la que era la mía, lo que vio la hizo sentir que se paralizaba su corazón, agarró el marco de la puerta con las manos para no caerse al piso y se sintió tan confundida porque no sabía si gritar, correr o llorar: vio mi blanco y más grande oso de peluche, el que sobresalía de los demás por su tamaño, cortado en múltiples pedazos y con todo el relleno por fuera, como si fueran tripas blancas de algodón. Lo que quedaba de aquel oso estaba acompañado con un machete oxidado reposando encima de mi cama, como una señal de 'volveré'.

Una amenaza clara y contundente de que el tipo que nos había destruido la casa estaba dispuesto también a destruirnos a nosotros con ese mismo machete, si no conseguía lo que quería, lo cual en ese momento para mi madre era un misterio. Una respuesta que tampoco encontraría al preguntarle desesperada a mi padre cuando llegó a la casa, pero que con los años se destaparía de un momento a otro ante nosotros porque, en la vida, los mayores interrogantes los responde el tiempo.

La delgada línea entre huir y migrar

El machete fue el acto criminal y misterioso que hizo que empacáramos lo poco que nos quedaba para irnos a vivir, como huyendo del demonio, a la ciudad de David, frontera con Costa Rica. Una ciudad en la que no duraríamos mucho tiempo porque si conoces al diablo, no vuelves a olvidarte de su mirada.

En la ciudad de David nos instalamos muy rápido en una casa un poco más modesta, pero con un lindo jardín. Nadie sabía que estábamos allí, ya que nos fuimos de Panamá como si nos hubiera tragado la tierra, a lo que mi madre con sabiduría analizaba: «Si nadie sabe que estamos aquí, ¿acaso nadie sabía cuando él se fue a Panamá? ¿Nadie sabía cuando él se fue a Bogotá? ¿Nadie sabía cuando él se fue de Argentina? ¿Será que todo ese cuento de la ruta del Che Guevara y sus aventuras por Sudamérica en motocicleta solo eran una excusa que esconde algo más grande?».

Mi madre no entendía muy bien por qué tuvimos que abandonar Ciudad de Panamá, mucho menos la razón del machete sobre mi cama. Los días pasaban poco a poco, suponía ella que, en ese entonces, vivíamos de los ahorros, fruto del 'trabajo' de mi padre en Ciudad de Panamá, ahorros que se esfumaban a gran velocidad, entre más y más botellas de alcohol él bebía.

Un miércoles, a las dos de la tarde, llegó mi padre a casa con los ojos idos, pero con su caminar firme. Mi madre se dio cuenta de que había estado bebiendo desde temprano, ya que los ojos son la mejor y más certera prueba para delatar a una persona alcohólica en su recaída. Ese día mi madre decidió confrontarlo, parándose sobre la raya:

—¿Estamos en peligro? Necesito saber, ¿qué es lo que está pasando? —le preguntó mi madre con tono desafiante, a lo que el argentino le respondió, como siempre antes de una gran pelea, con uno de sus más populares silencios.

Mi padre se levantó de la silla y, con una aparente calma, fue a buscar aquel machete dentro de la caja de cartón y le dijo: «¿A este machete es al que tanto miedo le tienes?». De esta manera le apuntó directamente con su oxidada lata al rostro. Frente a una imagen aterradora los segundos suelen sentirse como horas, el tiempo se congela en una escena donde mi papá sostiene el machete, mientras mi madre me sostiene a mí. El silencio se rompió de repente, cuando, como un cerdo salvaje, mi padre se puso a destruir lo poco que nos quedaba en la casa, con el mismo machete. Empezó por mi habitación, acabando de romper los pocos juguetes y peluches que habían sobrevivido al ataque de Ciudad de Panamá, poseído por completo por una ira incomprensible.

Mi madre salió corriendo a refugiarse en la cocina, mientras escuchaba cómo, en el fondo de la casa, él seguía destruyendo cosas aleatoriamente a machetazos. El miedo la obligó a ponerse de cuclillas por detrás de la puerta con su hijo entre los brazos, llorando, está vez no por tristeza, ni frustración, sino por el más sincero de los miedos. El argentino se calmó después de unos minutos y caminó hacia la cocina, pero sin entrar en ella, se sentó en el sofá que estaba justo en frente de la puerta y prendió un cigarrillo, sintiéndose como un héroe, como el macho que se hace respetar, con la actitud de «Aquí mando yo». Mientras fumaba, tirando las colillas del cigarrillo sobre el piso de cerámica, sacó de la parte trasera de su pantalón un revólver calibre 38 y una pañoleta blanca para limpiarlo. Mi mamá, al sentir un extraño y repentino silencio en casa, decidió asomarse por la puerta de la cocina y se dio cuenta de la escena: su esposo estaba armado. Ella no tenía ni idea de que, en la casa, además de todo, también había un revólver, una señal clara y concisa de que de alguien nos teníamos que proteger, de que estábamos corriendo peligro, de que alguien quería hacernos daño, de que ese alguien podría ser cualquiera, incluso mi propio padre.

Mi mamá salió de la cocina y ambos se percataron de la presencia del otro; ella, en un intento ingenuo de evadir la situación, se deslizó con sutileza contra la pared hacia el pasillo, para desaparecer de su mirada; él, mi padre, levantó suavemente su revólver y lo apuntó hacia nosotros, congelando así el caminar de mi mamá. En ese momento mi padre nos estaba apuntando con un arma de fuego a mi madre y a mí. En medio de su borrachera, pero con la mano firme, puso un dedo en el gatillo y dijo muy tranquilo: «Prepárame un café».

Esa era la señal que tanto estaba esperando a mi madre para por fin caer en la cuenta de que tal vez la relación ya no iba por buen camino. Mientras preparaba el café, mi madre ya había analizado sus opciones para salir de la casa sin ser vista por su esposo: la mejor alternativa era una puerta en la cocina, cortada a propósito por la mitad, ya que los dueños anteriores tenían un perro que podía salir por ahí al patio. Mi madre estaba lista para darle el café al argentino. Su plan era entretenerlo con el café, para luego encerrarse en la cocina en búsqueda de su libertad, siempre conmigo en sus brazos. De esta manera entró mi mamá a la sala para entregarle la taza de café a mi papá, él se los recibió con la única mano que tenía desocupada, ya que con la otra nos seguía apuntando. Recibió el cafecito mirándola a los ojos y puso el revólver sobre la mesa, sin perderla de vista. Ella se dio la vuelta y se dirigió lentamente a la cocina, esperando el momento oportuno para escapar, pero cuando estaba justo en frente de la puerta que llevaba al patio, a escasos tres pasos de su libertad, el argentino le dijo: «Déjame al gordo un rato que quiero saludarlo». Esa frase cambió los planes en un segundo, ya que ella no podría huir sin mí a su lado. Como a cualquiera de nosotros, se nos agotan las posibilidades de negociación al tener muy cerca el cañón de un revólver amenazante.

A mi madre le tocó devolverse hacia la sala: «Ponlo aquí sobre mi pierna», le dijo mi padre, sin darle la oportunidad de refutar. Con temor, ella me puso sobre su pierna despacio y, a su vez, de forma bastante vigilante. Mi padre comenzó a hablarme de las incoherencias que un adulto borracho le hablaría un bebé. A mi padre no solo le fastidiaba el sonido de una mujer cuando le reclamaba algo, sino que también le fastidiaba el llorar descontrolado de cualquier bebé, así fuera el suyo, lo cual jugó bastante bien a nuestro favor, porque al percibir el estrés y la mirada de pánico de mi madre, comencé a llorar de manera desconsolada, pegando gritos y alaridos, como si fuera un dinosaurio recién nacido.
—Pero ¿qué tenés? ¿Qué te pasa? —me decía mi padre mientras yo seguía llorando descontroladamente—. Tome, agarre a este chino que seguro está cagado—le dijo mi papá a mi mamá,

incorporando alguna de las pocas palabras que había aprendido del español colombiano.

—Claro, seguro que es eso, ya voy a cambiarlo —le respondió mi mamá de inmediato, ya que en ese momento se abría un pequeño espacio para la esperanza de huir de esa casa conmigo en sus brazos.

Me levantó entonces del regazo de mi padre, mientras que este, al mismo tiempo, con su nueva mano libre, agarró la taza de café. Unos segundos más tarde yo dejé de llorar, convirtiéndome desde muy temprana edad en cómplice de mi madre. Ella se alejó de la sala y entró de nuevo en la cocina, con el temor de que mi padre supiera que allí no se guardaban los pañales.

En ese momento, cerca a la puerta de salida, mi mamá se acurrucó para salir sin hacer mucho ruido de la casa, mientras mi padre se perdió consigo mismo entre conversaciones de borracho. En el segundo preciso en que mi madre dio el paso final para estar completamente por fuera de la casa, es ahí cuando abandonó toda sutileza y atravesó el patio corriendo desesperada hacia la casa de la vecina. Golpeó con la rapidez que merece este tipo de urgencia, la vecina abrió y al ver la expresión de terror en el rostro de mi madre, nos dejó entrar.
—Llama a la Policía, mi esposo está armado, nos está apuntando con un arma, está borracho y es capaz de cualquier cosa —le dijo mi mamá a la vecina con mucho esfuerzo, después de lograr destrabar sus palabras.

La vecina no preguntó nada más y, de inmediato, hizo caso y llamó a la Policía. En ese entonces Panamá estaba más americanizada de lo que es hoy en día, el espíritu de los gringos y su influencia todavía podía apreciarse en pequeños detalles de la vida cotidiana, tal vez el servicio efectivo de la autoridad era uno de ellos.

La Policía no tardó mucho en llegar a nuestra casa, mi mamá los estaba esperando mientras chismoseaba desde la ventana de la vecina, vigilando para que cuando ellos llegaran, el argentino aún estuviera ahí. La Policía sabía que dentro de mi casa había un señor armado, por ende, rodearon todas sus salidas con hombres armados también. Mientras dos agentes de la Policía vigilaban la entrada principal, otros dos entraban por el patio de la casa: el primero de ellos descubrió la puerta que llevaba a la cocina, donde la mitad inferior aún seguía abierta. Cuando entraron a la casa se encontraron con un sonido que interrumpió el silencio de todas las habitaciones del lugar, se trataba del sonido típico de los ronquidos de un borracho al que le ha ganado el sueño. Mi padre estaba dormido en el sofá, pero los escombros a su alrededor, el machete recreando las escenas de Ciudad de Panamá tirado en el piso, el revólver calibre 38 cargado encima de la mesa, algunos morados en el cuerpo de mi madre, y su testimonio, fueron suficiente evidencia para llevárselo arrestado.

Esa misma tarde se llevaron a mi padre al calabozo. La justicia en Panamá fue bastante efectiva: por fin llegó el día en que mi madre logró respirar sin miedo en esa casa. Sin embargo, la partida de mi padre dejó un gran hueco financiero ya que él se encargaba, no sabemos cómo, de la economía del hogar. A partir de ese momento estábamos solos mi madre y yo, en una ciudad distante de la capital, en un momento de la humanidad donde no existía el internet, y en el que las únicas personas que conocíamos eran las que habíamos visto frente a frente en algún momento, en el caso de mi madre, la vecina.

Ese día mi mamá me apretó tan fuerte que aún me duelen las costillas. Me agarró entre sus brazos con la fuerza que se requiere para mandarle un mensaje al universo, claro y contundente, de que a este hijo nada ni nadie vendría a arrebatárselo, o por lo menos eso intentaría.

Mi mamá no podía contemplar la idea de quedarnos esa noche a dormir en esa casa, nuestro segundo hogar destruido en el transcurso de un par de meses, la primera por un villano que a la fecha permanece anónimo, quien entró en nuestra casa de Panamá para romperlo todo por razones que saldrían a la luz treinta años más tarde, y, la segunda, destruida por las manos de quien se supone debía protegernos.

Mi mamá empacó un poco de ropa en su maleta de universitaria que había traído de Colombia, y lo que quedaba para mis necesidades básicas de bebé en la pañalera; se dirigió a casa de la vecina y le pidió un poco de dinero para llegar a la capital. La vecina no tenía buena posición económica, pero logró juntar algunos dólares suficientes para el autobús hacia la ciudad. Nos fuimos entonces en un pequeño minibús, sin aire acondicionado, que tardó más de doce horas en llegar de David a Ciudad de Panamá.

A la capital llegamos con dos intenciones claras: la primera era sacarme el pasaporte para poder viajar; y la segunda, montarnos en un avión para volver a casa, a la casa de mis abuelos, la casa del señor Díaz.

El ángel negro

La poca plata que nos dio la vecina nos alcanzó para llegar al terminal de buses de Ciudad de Panamá, donde mi madre preguntó sobre la existencia de algún hotel barato para pasar la noche. Por recomendación de una amable señora en la taquilla de boletos, tomamos un taxi que nos llevó a la dirección indicada de dicho hotel, en el centro de la ciudad. Llegamos a un bonito edificio, de esos que parece que fueran a cobrar solo por mirarlos, no había manera de que pudiéramos pasar la noche allí con el dinero que nos había dado la vecina. Comenzamos a buscar otras opciones, a la antigua, sin aplicaciones móviles, caminando y preguntando por ahí. Pero el día pasaba y el sol calentaba deprisa, la paciencia se agotaba al igual que las opciones, sobre todo cuando nos damos cuenta de que el dinero que teníamos en el bolsillo no alcanza ni siquiera para pasar una noche en la ciudad.

Ante una situación como estas es muy fácil volver a llorar, de desespero, agotamiento y soledad. Después de tanto buscar hoteles, no encontramos uno que se ajustara al presupuesto, y mi madre escogió las escaleras del último hotel donde entró para averiguar por precios, y agotada, se sentó allí, con la expresión que toda madre desesperada puede tener. Ya eran las cinco de la tarde y mi mamá se estaba preparando psicológicamente para pasar la primera noche de su vida en la calle, hasta que un milagro se acercó a ella:

—Señora, ¿está bien? —le preguntó uno de los huéspedes del hotel, al encontrarla sentada conmigo en la escalera.

Mi madre reaccionó y me apretó con fuerza, mirando al señor con altos niveles de desconfianza.

—¿Necesita ayuda? —insistió el misterioso personaje.

Mi mamá no lograba soltar las palabras, el señor se sentó a su lado.

—Me llamo Manuel, pero todos acá me conocen como Manolo...

Mi mamá sintió un poco de confianza y terminó por contarle a Manolo, de forma bastante resumida, todo lo que había pasado en la ciudad de David, de cómo su esposo estaba en la cárcel y que se encontraba sola por completo y sin un peso en el bolsillo. Le contó también que ella lo único que quería hacer era sacar el pasaporte de su hijo para poder salir juntos de Panamá de vuelta a casa.

Manolo escuchaba con atención su historia, mostrando mucho interés en sus palabras. Luego de oírla le dijo a mi mamá:

—Si usted quiere yo le ayudo, tengo una habitación en este hotel donde puedo hospedarla mientras arreglamos lo del pasaporte de su hijo.

Ella, ante la carencia de otras opciones, demostró con su silencio un probable interés en aceptar la oferta del señor.

—No se preocupe, la habitación sería solo para usted, yo tengo buenos contactos aquí en la ciudad que nos pueden ayudar a agilizar el proceso del pasaporte, todo estará bien.

Manolo reconfortó con esas palabras a mi madre para que se sintiera en confianza; pero si algo bien había aprendido mi mamá a punta de golpes, heridas y corazones rotos, es que no todas las personas tienen siempre las mejores intenciones, aunque dadas las circunstancias, tenía que tomar el riesgo.

Manolo se puso de pie al mismo tiempo que extendió su mano para ayudar a mi mamá. Ella aceptó el gesto y se levantó de la escalera, siempre sosteniendo a su pesado hijo entre los brazos, como si fuera una sandía.
—Esta será la habitación de ustedes por un par de noches, dígame si necesita algo, ¿El niño tiene todo? ¿Leche, pañales, comida?

Mi mamá no podía creer lo que estaba ocurriendo, porque a ella nunca nadie le había dado nada sin esperar algo a cambio. Vale la pena recordar aquí, por segunda vez, las palabras de mi querida y sabia abuela: «De eso tan bueno, ¡no dan tanto!».

La habitación era pequeña, pero tenía todo lo necesario: una cama semidoble, un viejo sofá de dos puestos, un gran mueble en madera para poner la ropa, ya que no tenía clóset, un baño de esos donde la ducha está en el mismo espacio del retrete, haciendo que se moje todo al tomar un baño y, en el techo colgando, había un enclenque ventilador.
—Aquí los dejo para que se instalen, están en su casa, ya vengo con algunos víveres y algo de comer para usted.

Este 'héroe' enmascarado salió de la habitación y nos dejó solos, cerrando la puerta detrás de él, haciendo que mi madre involuntariamente aceptara su propuesta, ya que ella no tuvo la oportunidad de abrir su boca para decir «Acepto». Por lo menos esa noche recuperamos la ilusión de dormir en una cama, por eso no se presentó ninguna objeción.

Mi mamá estaba bastante confundida, parecíamos dos pececillos en una de esas peceras redondas de oficina, quietos en una esquina sin saber qué hacer. Pasamos horas sentados en la cama, con las maletas sin abrir y los zapatos aún puestos. De repente, golpearon la puerta. El sonido de la puerta interrumpió los pensamientos de mi madre, quien navegaba a la deriva entre recuerdos naufragantes. Ella pegó un brinco del susto, una reacción exagerada ante tan sutil llamado, me acostó sobre la cama y se levantó con suavidad en dirección hacia la chapa de la puerta, dudando si era buena o mala idea abrirla.

—Aquí le traigo los pañales, leche en polvo, y su cena, debe tener hambre.

El señor misterioso volvió al hotel cumpliendo su promesa, le dejó el encargo a mi mamá en las manos y le dijo:

—Por hoy descanse, mañana resolvemos lo del pasaporte de su hijo, hasta mañana.

Ya llevábamos un par de días en la misma habitación del hotel, donde mi madre y el misterioso mensajero celestial acordaron, sin hablarlo, una rutina en donde él, por ningún motivo en particular, nos llevaba comida cada día.

—Ya tengo la información de cómo sacar el pasaporte de su bebé, necesito el acta de nacimiento, un par de fotos y que me acompañe a la oficina para registrarlo —le indicó Manolo.

Ese día mi mamá sintió tranquilidad, no veía la hora de volver a casa. Mi mamá obedeció ante todos los requisitos que le pidió este misterioso caballero. La mañana del jueves la dedicaron a sacar fotografías, buscar papeles y registrarlos para la obtención de mi primer pasaporte.

—Deberíamos tener respuesta para el lunes, ya que esta gente no trabaja los fines de semana —le dijo Manolo a mi mamá.

—No tengo cómo agradecerle, de verdad que usted es un ángel —le respondió mi mamá, dejando de lado por unos segundos su expresión de constante y bien merecida desconfianza ante la humanidad.

Cambio de planes

Encerrados en el hotel pasamos la gran parte del fin de semana, esperando con ansiedad la llegada del lunes para recoger el pasaporte. El domingo en la mañana, Manolo llegó con el mismo aire que llevan los que van de afán, golpeó la puerta de la habitación del hotel, trayéndonos una noticia que cambiaría la trayectoria de nuestros planes:

—Nos tenemos que mover de hotel, ya no podemos estar más aquí, ahora en la tarde viene mi chófer de confianza y los va a llevar a otro hotel que tengo reservado.

Una vez más, ¿qué opción teníamos? Porque a pesar de las sospechas, y los múltiples escenarios donde todo puede salir mal, Manolo había demostrado ser una persona decente, valía la pena solo cerrar los ojos y confiar.

Manolo salió sin despedirse de la habitación, no sin antes dejarnos claras algunas instrucciones, como empacar las cosas rápido y esperar a su chófer en la puerta del hotel. Mi madre obedeció, no solo porque el señor Manolo nos estaba patrocinando la estancia y la comida, sino también porque él sabía cómo recoger el pasaporte.

En cuestión de treinta minutos estábamos listos esperando al chófer, el cual llegó bastante puntual y fue fácil de reconocer. El chófer de Manolo parecía una tumba, no pronunciaba palabra. Mi mamá se subió en la parte trasera del vehículo, conmigo todavía entre sus brazos, y el resto de nuestras pertenencias bajo llave en la parte de atrás.

El chófer arrancó su viejo auto, no tenía radio y hacía mucho calor. Comenzamos a movernos hacia un lugar desconocido para los dos, ya que con la poca información que nos dio Manolo, era muy difícil saber para dónde nos dirigíamos. Mi madre observaba el recorrido desde la ventana y, de vez en cuando, miraba el espejo retrovisor, para darse cuenta de algo muy extraño, y es que el chófer nos tenía clavada la mirada, con unos ojos penetrantes que trataban de comunicarnos algo. El chófer miraba a mi mamá, me miraba a mí, volvía a mirar a mi mamá; era bastante evidente: algo andaba mal.

Mi madre no se atrevió a preguntarle nada por miedo a que su respuesta fuera otro de sus silencios que había aprendido a odiar de mi papá; pero la constante mirada del señor comenzaba a ponerla nerviosa. Parecía que tuviera los ojos puestos más tiempo sobre nosotros que sobre la carretera, su rostro tenía marcado un aspecto preocupante. Y a medida que nos alejabamos del hotel, mi madre comenzó, poco a poco, a reconocer las esquinas del barrio por donde andábamos, se dio cuenta de que estaba haciendo el mismo trayecto hacia el aeropuerto desde el centro de Ciudad de Panamá, el mismo trayecto de hace unos años atrás cuando había llegado por primera vez, pero al revés. Nos dirigíamos al aeropuerto.

Mi madre le preguntó al chófer si esta era la ruta hacia el aeropuerto, pero él no respondía nada. De todas maneras, mi mamá estaba apunto de confirmar su sospecha, ya que unos minutos más tarde nos encontramos entrando en la ruta de salidas del aeropuerto de Ciudad de Panamá. Mi mamá pensó por un segundo que el hotel se encontraba, tal vez, dentro del aeropuerto, pero al estacionar el carro justo enfrente de la puerta de salidas, el 'carismático' chófer abrió la guantera del carro, sacó un sobre, se dio la vuelta y mirando a mi mamá a los ojos se lo entregó y le dijo:

—Aquí tiene el pasaporte de su hijo y unos dólares para que compre el tiquete aéreo, le recomiendo que se vaya hoy mismo de esta ciudad. Así, finalmente, pudimos oír el tono de su voz.

—Pero ¿cómo así? No entiendo, ¿no se suponía que el pasaporte me lo entregaban mañana? ¿Dónde está Manolo?

—Señora, salga de mi vehículo y hágame caso, porque si yo la llevo al lugar donde tengo instrucciones de llevarla, usted nunca más va a volver a ver a su hijo —le respondió el chófer a mi mamá.

Ella recibió el sobre y lo miró por dentro para confirmar que, en verdad, mi pasaporte y los dólares estaban ahí. Al chófer no le dio tiempo de analizar la situación, se bajó del carro, abrió el baúl y sacó nuestras maletas. Mi mamá se bajó voluntariamente del vehículo, recogió las maletas y no alcanzó a decirle gracias al chófer, el cual ya estaba de vuelta en el vehículo y, sin mirar atrás, arrancó, dejándonos a la deriva, pero con dólares, en el aeropuerto.

Esa misma noche dormimos en la casa del señor Díaz, en la ciudad de Bogotá, sanos y salvos. Nunca sabremos qué fue lo qué pasó ya que de Manolo no volvimos a escuchar nada.

Han pasado los años y hemos tenido tiempo de atar algunos cabos. Al parecer, en esa época, por el Canal de Panamá atravesaban muchas más cosas que solo mercancía proveniente de China, sin duda, en ocasiones, mercancía de carne y hueso. A mi mamá no le cabe la menor duda de que nos salvamos de ser víctimas de tráfico de personas, ya que la amenaza de «No volver a ver a su hijo nunca más en la vida» fue bastante clara. Tenemos muchas hipótesis que nunca pudimos confirmar, porque los que en algún momento parecían ángeles salvavidas, como lo fue el señor Manolo, o como lo fue inclusive mi padre, terminaron siendo todo lo contrario, y, como es costumbre, nosotros los humanos llamamos 'milagros' a los sucesos que no podemos explicar, por eso el título de ángel salvavidas se lo llevó en esta ocasión el chófer quien desafió toda la lógica científica por medio de un acto que a simple vista parece un milagro. ¿Por qué nos dejó escapar? ¿Por qué nos dio plata para comprar tiquetes y salir de Panamá? ¿Por qué meterse en problemas para rescatar a una mujer que ni siquiera conocía? ¿Qué ganaba él con todo esto?

De todas formas, a él gracias. Nos salvó del ángel negro.

Capítulo 3

Un colombiano no nace, se hace

Bogotá, Colombia, 1986

Llegué a la capital colombiana a mis dos años para aprender a ser bogotano desde muy temprana edad, en la casa de mis abuelos, el reino del señor Díaz. Para ese entonces muchas cosas habían cambiado: de sus cinco hijas, cuatro ya se habían casado y vivían por fuera de la casa, construyendo sus hogares, con sus propios hijos, haciendo a los abuelos cada día más abuelos.

Llegamos con mi madre a vivir temporalmente con ellos, en el sector de Barrios Unidos, en específico en el barrio Entre Ríos, un típico barrio de clase media bogotana, al lado de la escuela militar sobre la calle 80. De las tres habitaciones del apartamento, una era de mi abuelo: esta tenía su baño privado; la segunda era de mi abuela, ya que mis abuelos en algún momento de la relación tomaron la decisión de dormir en cuartos separados; y la tercera habitación, la que estaba justo en la mitad del corredor, era el estudio.

El espacio destinado para la sala tenía un larguísimo sofá en forma de L, el cual podía acomodarse como un rompecabezas para formar una cama en caso de emergencia. A veces la emergencia podría ser para albergar un huésped por una noche, o en nuestro caso, con mi madre, para servirnos de cama por un buen par de años.

De mi vida con los abuelos sí tengo recuerdos vívidos, por fortuna todos muy positivos, ya que crecer con los abuelos es un privilegio que pocos conocen, un privilegio del cual estoy muy agradecido. Tanto así que a veces agradezco las malas decisiones de mi padre, ya que por ellas tuve la oportunidad de pasar tanto tiempo junto a mis abuelos, para entender las diferentes etapas de la vida, la evolución del amor hacia la familia y la ternura que solo un buen par de abuelos puede ofrecer.

Tuve la oportunidad de vivir con el señor Díaz. A su vez, conmigo él conoció lo que era criar, por fin, a un hijo varón, convirtiéndose de esta forma en mi segunda figura paterna, la que me enseñó a respetar y a admirar la fortaleza de un corazón de hierro.

Soy el "enviado de Lucifer"

Durante nuestros últimos años viviendo en casa de los abuelos, mi madre por fin se convertiría en psicología. Le tomó muchos años y esfuerzo terminar esa carrera ya que tuvo que aplazarla en repetidas ocasiones. Mientras ella estudiaba en la universidad, yo estudiaba en el colegio. Siempre que yo llegaba a casa me esperaba mi abuela en la portería. Ella era una maga, sobre todo durante mis años de infancia. Era una experta en crear mundos de fantasía para distraerme, con colores y canciones, de la que a veces era la cruda realidad. Las abuelas son seres divinos con altos niveles de inteligencia emocional y de ternura.

En esa época tuve también la oportunidad de presenciar el desfile de enamorados y pretendientes que se paseaban por los pasillos del conjunto cortejando a mi soltera madre: señores que mostrando su esbelto plumaje de colores y haciendo danzas exóticas por encima de las ramas, tratando de llamar su atención.

Justo después de ver la película de *La profecía*, la del 76, mi abuelita comenzó a buscarme en la cabeza la marca del diablo (666), ya que el niño protagonista de esta película hacía el mismo tipo de travesuras que yo en la misma edad. Por ratos ella aseguraba que la explicación a mis diabluras era que yo era el enviado de Lucifer. Por esos días mi abuelita también me enseñó a emborrachar las plantas: «Mijo, la gente siempre te obligará a tomar alcohol, por eso no pierdas tiempo discutiendo con borrachos y siempre siéntate al lado de una planta, para que, a cada brindis, tú aproveches y le eches el trago a ellas. Ese es el secreto para no embriagarse», me confesaba mi abuela en el oído, volviéndome su cómplice y más cercano confidente en reuniones familiares. Yo jamás la delaté. Ella me enseñó de joven el tipo de picardías que aún de adulto yo aplico sin sentir vergüenza. Todavía, muy seguido me siento al lado de las plantas, a veces para echar mi alcohol en ellas, pero la mayoría de las veces, para sentir que sigo sentado junto a la abuela y así poder seguir brindando por siempre con ella.

"Enviado de Lucifer", o no, mi exceso de energía fue de gran ayuda a la hora de espantar a los señores que venían de cortejo con mi madre, lo cual, pensándolo bien, creo que ayudó a salvarla de más de una encrucijada, ya que son muy pocos los valientes que deciden tomar la responsabilidad de entablar una relación con una madre soltera.

Burbujas de colores

El tiempo cura todas las tristezas, sin importar qué tan grandes parezcan en su momento. Y para evitar más decepciones amorosas, mi mamá le cerró las puertas al corazón, para dedicarse a trabajar, ahorrar y planificar su independencia. Pero la economía latinoamericana, en la gran mayoría de ocasiones, le da la espalda a la urgencia. El salario de una psicóloga recién egresada, en esa época, era equivalente al mismo monto que matemáticamente hoy sigue dando risa. Ella no podría soñar ni siquiera con vivir por sí misma y mucho menos con un hijo a bordo.

Un día en la mañana, caminando por los pasillos del centro comercial Cafam de la Floresta, se encontró con unos muñequitos de cabezas redondas que llamaron mucho su atención. Mi mamá compró algunos y se los llevó para la casa, se los mostró a mi abuela y le dijo: «Yo creo que podemos hacer unos muñequitos aun más lindos que estos».

A punta de retazos, medias veladas de mujer rotas, un poco de algodón, hilo y aguja, mi madre y mi abuela comenzaron a darle forma a estos materiales para hacer sus primeras creaciones, sus primeros Frankenstein.

A mi mamá se le ocurrió la gran idea de meter esos muñequitos de algodón dentro de un envase de vidrio, similares a los frascos donde viene la mermelada. Mi abuela le añadió una tapita de tela para cerrarlo, simulando un sombrero con encaje. Las dos estaban fascinadas con su nueva creación y creyeron que podría tener potencial para vender algunas unidades.

Mi mamá sacó sus pocos ahorros y se fue a comprar varios frascos de vidrio a la zona industrial de Bogotá, algunos kilos de algodón y todo el resto de los materiales para crear en casa algunas unidades más de lo que luego llamarían *Muñecas en conserva*. De repente, la cocina de mi abuela parecía una fábrica de muñecos en donde hicieron algunas unidades para ofrecer en las papelerías y tiendas de curiosidades del barrio. Después de golpear más de diez puertas en diferentes negocios, una papelería le vio potencial a la mercancía y dejó algunas unidades en consignación, lo cual significaba que mi mamá no recibiría ningún dinero hasta que la tienda realizara las ventas.

Yo no sé cómo será en el resto del mundo, pero las papelerías en Colombia venden mucho más allá que solo lo que una papelería cotidiana suele vender. Allí se encuentra de todo, incluyendo en esa época, muñecas en conserva hechas por mi mamá. Para sorpresa de ella, al cabo de unos días recibimos una llamada de la papelería del barrio: «Ya puede pasar por su cheque, vendimos todo y necesitamos más unidades». Muy emocionada, mi mamá se puso manos a la obra: suplir la demanda de aquella papelería era ahora su nueva prioridad.

El dueño de esa papelería le hizo varios pedidos a mi madre con el transcurso de los días, un señor de Villavicencio que, además de la papelería en Bogotá, también tenía otra similar en su ciudad natal. El dueño del negocio le pedía cada vez más unidades: su papelería se convertiría en el centro de distribución de las muñecas en los Llanos Orientales. Fue necesario contratar a nuestra primera empleada porque ya las manos de mi madre y mi abuela no alcanzaban para suplir la demanda.

La necesidad de hacer dinero para sacar a su hijo adelante hizo que mi madre se olvidara por un momento de la psicología. Fue entonces a la Cámara de Comercio y registró el nombre de una empresa llamada *Burbujas de colores.* En el momento de su creación, mi madre ya había ampliado el portafolio de productos, ya no eran estos muñequitos en envases de vidrio, sino que también hacía todo tipo de peluches, los más destacados eran de conejas.

Mi mamá ya no solo enviaba muñecos a Villavicencio, sino a muchas partes de Colombia, el voz a voz fue su estrategia de mercadeo principal: *Burbujas de colores* hacía envíos a nivel nacional y a las principales cadenas de ventas del país. Fue así como, de un día para otro, nuestra economía cambió, haciendo que fuera posible pensar en irnos a nuestro propio hogar.

Si mi madre hubiera seguido el camino ya trazado, el lógico, el del salario mínimo, la historia sería distinta.

Se busca padre con experiencia

Mi mamá pudo ahorrar unos pesos para comprarse su primer carrito, un Renault seis, de color azul, el cual tenía la caja de cambios en la parte frontal del panel. Este carrito le sirvió para cargar cajas llenas de materia prima necesaria para sus muñecos, también para hacer domicilios y llevar mercancía a diferentes puntos de la ciudad. El carrito pequeño, pero económico, cumplía muy bien con su propósito.Un día, cuando llegó la hora de hacerle un mantenimiento general al Renault seis, mi tía, la contadora, la misma que le había presentado al profesor a mi mamá, le recomendó un taller de confianza en el barrio 7 de agosto, donde ella también llevaba su carro. Sin conocer ningún otro lugar a donde ir, mi mamá siguió el consejo y llevó su carrito para revisión general a dicho taller, llamado Auto Woodcock. Estando allí, y después de unos minutos, salió de la puerta del taller un señor de larga y elegante cabellera, peinado hacia atrás, con una espesa y negra barba. Este señor se dirigió hacia el auto de mi madre, ella bajó el vidrio para que el señor reposara sus grandes manos llenas de aceite de motor de carro en el borde de la puerta.

—Creo que necesito una revisión general, de pronto también un cambio de aceite —le dijo mi mamá al mecánico, sintiéndose sospechosamente nerviosa al hablarle. —Claro que sí, ha traído el auto al lugar correcto, mi nombre es Ernesto Woodcock y aquí estoy para servirle —le respondió el mecánico a mi mamá, respetuosa y amigablemente, presentándose con nombre y apellido, por lo cual mi madre dedujo, con facilidad, que estaba siendo atendida por el dueño del taller. Mi mamá dejó el carro por un par de días en Auto Woodcock y se fue a su casa para esperar a que la llamaran cuando llegara el momento de ir a recogerlo. Hace mucho tiempo mi mamá no esperaba con tantas ansias una llamada telefónica, mucho menos proveniente de un taller de mecánica. Hasta que por fin la llamaron. Mi madre llegó a Auto Woodcock, entró por la puerta principal y se encontró de frente con Ernesto, quien al verla le dijo emocionado:

—Buenos días, mi señora, le tengo listo su carrito y se lo dejé como una uva. Aquí tiene su pichirilo...

Al pichirilo le hicieron de todo, inclusive lo lavaron por dentro y por fuera, parecía nuevo. Ernesto se acercó a la puerta y le dijo:—Deberíamos ir a cenar uno de estos días...

A lo cual mi madre le respondió:

—Sí, podría ser, ya tienes mi número.

Sin decir nada más mi mamá subió el vidrio del carro, lo prendió y se alejó del taller, tratando de contener la emoción, ya que en ese lugar había conocido a la persona que le haría palpitar de nuevo su corazón, por segunda y última vez en la vida.

Después de un tiempo largo de soltería, mi madre le aceptó un par de salidas a don Ernesto. Supongo que la relación al principio funcionó muy bien, ya que de niño yo también tendría el gusto de conocerlo. Mi madre no me iba a presentar a nadie hasta que no se sintiera segura de hacerlo. Ernesto y yo nos volvimos muy buenos amigos, era un hombre bastante divertido, siempre buscaba la forma de hacerme reír. La risa es el camino directo para ganarse el corazón de un niño, el corazón del niño es el camino directo para ganarse el de la madre.Poco a poco, Ernesto fue convenciendo a mi mamá de que ya era hora de irse de la casa de sus padres, de nuevo. Mi madre comenzó a buscar apartamento, y con los pocos ahorros que teníamos gracias a su emprendimiento en *Burbujas de colores*, logró dar la cuota inicial para un proyecto nuevo en Bogotá, llamado Ciudadela Colsubsidio.

El ave fénix

Un día mi abuela llamó a mi madre para decirle que fuera a recoger sus últimas pertenencias, que ya se las había organizado bien en un par de cajas. Al llegar, mi madre abrió la puerta y se encontró con que mi abuela la estaba esperando con otro propósito, ya que la expresión de su mirada le informó, sin abrir la boca, que le tenía grandes noticias. Se llevó a mi madre de la mano, de afán, pero a escondidas, hacia la cocina. Se le acercó al oído y le susurró: «Adrián, el argentino, está escondido en el cuarto detrás de la cocina».

Hace muchos años mi mamá no sentía el terror que sintió en ese momento. Cómo era posible que su exesposo, el argentino, estuviera en Bogotá, en la casa de sus padres, escondido para que mi abuelo no lo viera. Lo último que mi mamá había sabido de mi padre era que había sido encerrado en una cárcel panameña. «Vaya, mija y hable con él, a mí me cogió de sorpresa y no supe qué más hacer», dijo mi abuela.

Mi mamá sintió una mezcla de emociones fuertes: miedo, porque sabía de lo que él era capaz cuando no andaba en sus cabales, y emoción, porque al fin y al cabo con el argentino habían compartido muchas anécdotas juntos, sin contar con que también era el padre de su hijo. —Martita...—le dijo el "argentino" a mi madre al verla, y se lanzó a darle un abrazo, con el cual él soñaba desde el primer día que estuvo solo en esa celda. Ambos se entregaron sin armaduras al momento, compartiendo un mismo llanto sincronizado, que él habría de comenzar.

—Vos no sabes lo que es una cárcel panameña. Te extraño, cada día allá adentro pensé en ti.

Cuando mi padre dijo esa frase, mi madre interrumpió el abrazo como quien cae en cuenta de repente de la situación.

«¿Qué haces aquí?», le preguntó mi mamá, de repente seca, vuelta a la realidad. Mi mamá tenía sentimientos de nostalgia hacia él, mezclados con un poco de frustración, ya que había sido el primer amor de su vida, pero en seis años, ella ya había logrado reconstruir su libertad: ahora tenía una empresa, era independiente y estaba comenzando una relación con un hombre que le prometía un futuro diferente.

—Has llegado demasiado tarde, las cosas han cambiado mucho, estoy saliendo con alguien ahora que me hace feliz, lo mejor es que te vayas.

Con ingenuidad mi mamá creía que esas palabras serían suficientes.

—Por lo menos déjame ver al niño—respondió él, poniendo sobre la mesa una realidad bastante difícil de argumentar, ya que ninguna madre soltera, en la mayoría de las ocasiones, quiere ver a su hijo crecer sin saber quién fue su padre y mi madre no era la excepción.

Ahí comenzó un gran dilema, mantener en secreto la figura de un padre violento e irresponsable a nuestros hijos o dejar que ellos conozcan quién fue su papá, para que la vida misma decida con el pasar de los años, cuál de las dos opciones fue la más sabia.

"Juan, soy tu padre"

Mi madre decidió que lo más justo era que yo conociera a mi papá biológico. Ella no podría tener una relación sentimental con él nunca más, pero si él quería ser el padre de su hijo, tendría el derecho de intentarlo. Intercambiaron el número de teléfono y programaron una cita para la semana siguiente en la cual, yo conocería a mi papá.

Mi papá estaba muy nervioso de conocerme, por mi parte yo no recordaba nada de él. Todos mis recuerdos comenzaron a acumularse desde que vivía en casa de mis abuelos. Mi madre y el argentino programaron una visita en el mismo centro comercial donde mi mamá vendió sus muñecos por primera vez. El argentino no sabía qué hacer conmigo ni qué decirme, por lo que le pidió un consejo a mi mamá:—¿Qué podría llevarle al niño? ¿Algo especial que le guste?

Mi mamá le respondió:

—A Juan le gusta mucho una banda de *rock* que se llama Aerosmith, de pronto llévale algo referente a eso.

Recuerdo a mi padre el argentino como un tipo grande, de camiseta blanca metida dentro del pantalón de *jean*, con una correa de cuero que portaba una gran hebilla metálica, la cual hacía juego con sus gafas de sol, una abundante melena de pelo negro y un espeso bigote varonil. El tipo tenía buena pinta, como de actor de novela criolla.

—Hola, hijo—me saludó de repente este completo desconocido diciéndome «hijo», dándome el más incómodo de los abrazos. Yo siempre fui un chico muy esquivo, no dejaba que nadie se me acercara ni mucho menos que me diera un abrazo.

—Te traje un regalo hijo...

Me dijo mi padre, sacando de su maletín un *CD* recién comprado de Aerosmith, el más reciente trabajo discográfico de la banda llamado *Nine Lives.* Hoy todavía tengo ese mismo disco en mi colección musical. Han pasado veintiséis años.

De la panadería salimos juntos los tres a comer helado al centro comercial Metrópolis. Todo el día permanecí callado e inexpresivo, a diferencia de cuando salíamos con Ernesto, a él ya le tenía confianza para reír, bromear y jugar. A mí nadie podía obligarme a tener que querer a un recién aparecido solo por haber sido él quien embarazó a mi mamá, porque así suene bastante cliché la frase: «Papá no es quien engendra» es real.

Mi papá, el argentino, trató ese día de ganarse mi confianza, de conectar conmigo, puros intentos fallidos que hoy en día recuerdo con ternura. Pobre hombre, a su manera solo estaba haciendo lo que mejor podía, supongo.

El adiós casi definitivo

Ya llevamos unos días viviendo en nuestro nuevo apartamento, el cual parecía más una fábrica de muñecos que una vivienda familiar. Teníamos dos camas, una para cada uno, siendo esta, de manera oficial, mi primera cama. Durante nuestros primeros días en este nuevo apartamento estuvimos acompañados intermitentemente por Ernesto, y otros días, por mi padre, quien intentaba reconquistar a su hijo a su manera.

A mi padre, el argentino, lo vi en dos ocasiones más después de haberme regalado el *CD*: la primera, el día que fue a medir un espacio de mi nueva habitación para regalarme un mueble de madera. La segunda vez cuando volvió al apartamento, sin el mueble, pero con el mismo lápiz para volver a tomar las medidas: «Perdí el cuaderno, esto solo tomará un momento».

Ese día mi papá salió del apartamento no sin antes despedirse: «Chao, hijo, nos vemos en unos días cuando te traiga el mueble». Esa frase sí la recuerdo bien, ya que esa fue la última vez que escuché su voz. A mis doce años, no volvimos a saber nada más de él. Mi padre, el argentino, nunca más volvió al apartamento y el teléfono tampoco volvió a sonar.El espacio en la pared siempre quedó vacío mientras vivimos en ese apartamento, nunca intentamos poner un mueble ahí.

Mi amigo Ernesto

Ernesto me regaló mi primera bicicleta y también me enseñó a manejarla, así mismo, me mostró lo básico sobre mecánica automotriz. Siempre estuvo pendiente de todo. Ernesto y yo jugábamos a las canicas durante mi niñez, le hacíamos bromas a mi madre, pasábamos todos los fines de semana juntos. También estuvo ahí el día de mi primera comunión y hasta cuando me gradué del colegio. Ernesto también apoyó a mi madre para ayudarle a pagarme una carrera profesional en la universidad años más tarde, ya que un nuevo tratado de comercio entre Colombia y China acabaría con gran parte de la pequeña y mediana empresa del país, dándole fin a *Burbujas de colores*, después de diez años de operación. De ahí en adelante, mi mamá se vio obligada a conseguir la moneda de otra manera. Así conoció el mundo laboral corporativo, las oficinas y el vestido de sastre al entrar a trabajar en una empresa de seguros.

Mientras tanto, yo me hice ingeniero industrial en la Universidad El Bosque en Bogotá, gracias al trabajo de Ernesto y de mi mamá. Ernesto Woodcock también estuvo ahí el día que me hice ingeniero y me gradué de la universidad. Y ahora que escribo estas páginas recuerdo que Ernesto y yo compartimos momentos muy importantes de nuestras vidas juntos. Yo idealicé lo que sería una relación padre e hijo, aunque yo siempre lo hubiera llamado por su nombre: Ernesto, Ernest o Ernestina. Nunca le dije papá, ya que el corazón roto de un niño toma toda una vida en cicatrizar. Hoy creo que su figura sí fue la de un padre para mí, sin necesidad de decirlo.

En algunas conversaciones de la adultez sí llegué a decirle a Ernesto que él para mí era como un padre, conversaciones que, con el tiempo, solo ocurrían un sábado o domingo en la mañana, ya que él llegó a pasar, sus últimos años, de lunes a

Ernesto, en su taller, el mismo año de su muerte.

lunes, metido en su taller de mecánica. En los autos, Ernesto encontraría su propósito de vida, los entendía mejor de lo que se entendía a sí mismo. Por eso fue muy triste y a la vez algo poético cuando el día de la madre del año 2022, me llamaron para decirme que Ernesto había fallecido de un paro cardiaco en su oficina. «Me siento como rarito», le dijo Ernesto a su hermano, mientras iba a acostarse un rato en el carrito donde siempre tomaba la siesta. De esa silla nunca volvió a pararse: Ernesto murió sentado dentro de un carro, sin dolor, de un ataque fulminante. Lo único que tengo de Ernesto es el llavero del último carro que manejó, siempre le gustaba tener autos de los ochentas, viejitos, pero bien tenidos.

También me quedan de él todos los recuerdos de quien para mí fue uno de mis más grandes amigos. Cada año nos reíamos de los mismos chistes, como cuando se sentaba todo un domingo en el sofá y de repente me decía: «Aquí seguimos, esperando el mueble en madera de Adrián», y nos echábamos a reír, tomándole el lado amable a las circunstancias de la vida.

Él también me apoyó en todas las ideas, sin importar que tan locas fueran. Ernesto me decía: «Usted es un verraco, yo sé que le va a ir bien», así ni siquiera entendiera de lo que estaba hablando. Como, por ejemplo, el día en que le dije que quería irme de Colombia para vivir en Canadá, él me respondió: «Cuando llegue allá, averíguame si venden repuestos para carro», como sí Canadá quedará a la vuelta de la esquina.

PARTE II

CÓMO ME CONVERTÍ EN MIGRANTE

Capítulo 4
El trinomio cuadrado perfecto

¿Por qué decidí emigrar a Canadá?

Bogotá, Colombia, 2009

El momento de la graduación de la universidad debería ser bastante emocionante, y lo es, de alguna forma. Yo entré para estudiar ingeniería industrial, sin saber siquiera de qué se trataba esa carrera. Al salir del colegio me hicieron un exámen para evaluar mis habilidades y afortunada, o infortunadamente, yo siempre fui muy bueno en matemáticas, aunque no por ser bueno quiere decir que me gustaran. Eso, sumado a la influencia del círculo que me rodeaba en aquel entonces, hizo que terminara escogiendo ingeniería industrial como la carrera que, se suponía, más me convenía. En países que están en vía de desarrollo como Colombia, es muy difícil soñar con estudiar una carrera que no esté en demanda laboral.

Si no estudiamos ingeniería, administración, contabilidad, entre otras, será muy difícil que alguien nos contrate, que alguien nos pague un salario con el cual podamos comprar un mercado, pagar por un techo o tener una familia. En pocas palabras, si no estudiamos alguna de esas carreras, estamos condenados a morir de hambre. O por lo menos eso es lo que nos hacen creer.

¿Cuándo han visto que un niño de cinco años responda «Quiero ser contador cuando sea grande»? Un niño siempre va a querer ser bombero, astronauta, futbolista o cantante. Nuestra labor como sociedad parece ser dejar soñar al niño mientras sea niño, para romper sus sueños cuando sea grande.

Decirles a nuestros padres que queremos ser artistas o fotógrafos se siente como si estuviéramos defraudándolos, como si perseguir alguno de estos oficios fuera una gran tragedia familiar. Por eso terminé estudiando ingeniería industrial, por encima de artes visuales, publicidad o mercadeo.

La preparación matemática que tuve en el colegio fue bastante buena, así que la ingeniería tampoco fue un dolor de cabeza. Para mí la universidad, más que una experiencia académica, fue una experiencia social, ya que fue el periodo de mi vida en el que más fui a fiestas, más gente conocí y más botellas destapé.

Fueron pocas las materias que me exigieron pensar, ya que el sistema educativo no solo de Colombia, sino nivel mundial, aún se siente como una estafa en pleno año 2023. A mí me enseñaron múltiples materias por un largo periodo de cinco años dividido en diez semestres académicos, cada semestre más costoso que el anterior. Un negocio redondo. Para que al final de cuentas, al graduarme, me sentaran en una silla a hacer tablas de Excel para una empresa, siendo Excel la única materia que no vi en la universidad. A mis treinta y ocho años de edad sigo por la vida sin haber utilizado jamás el trinomio cuadrado perfecto.

Yo estoy seguro de que con máximo dos años de educación académica, viendo materias aplicadas a la industria, y aprendiendo bien el manejo de Excel, hubiera sido más que suficiente para salir a ejercer el mismo trabajo que ejercí por siete años de mi vida, pero las universidades no quieren escuchar eso por miedo a perder rentabilidad.

Después de la graduación conseguí un trabajo en un banco colombiano bastante conocido, llamado AV Villas. Me contrataron para analizar y mejorar los procesos de la industria financiera: mi sueño de cuando era un niño de cinco años. Yo no quería ser bombero ni astronauta, no señores, seguro yo quería estar sentado en esta silla leyendo documentos aburridísimos por el resto de mi vida, ¡qué alegría!

Después de seis meses de estar leyendo papeles sin sentido para mis emociones, logré que me trasladaron al departamento de mercadeo de la empresa, en donde todo tenía un poquito más de color, porque el mercadeo requiere un poquito más de creatividad la cual, mezclada con estadísticas y gracias a mis habilidades con los números, le daba algo más de sentido a la vida, pero no lo suficiente.

Yo siempre he sido una persona muy consciente con el tiempo y sabía que, si no hacía algo por mi vida, me iba a quedar sentado en esa o en cualquier otra silla, de cualquier otro banco, hasta que perdiera el pelo y me saliera la panza, hasta que fuera demasiado tarde.

Todos los días que iba al trabajo sentía un frío y preocupante dolor en la parte trasera del cuello y la cabeza, el estrés de sentir las cadenas de la esclavitud corporativa disfrazadas de sastre y corbata. Estar en el lugar equivocado, ejerciendo un oficio que va en contra de nuestra naturaleza, es como encerrar el alma del ser humano en un oscuro calabozo para verlo morir poco a poco, ahogado en un espeso mar de tristeza. Así me sentía yo todos los días. Pero no era posible renunciar porque sin dinero, lamentablemente, tampoco hay libertad.

Buscando cómo salir de la jaula

Así es como pensé en echarle la culpa a Colombia sobre mi inconformidad, pensé qué tal vez si yo hubiera nacido en otro país que diera mejores oportunidades, podría entonces dedicarme a pasear perros y vivir mejor, con la misma inocencia de alguien que no conoce la vida en el primer mundo. Decidí escuchar una conferencia de una gente que venía de un país llamado Canadá, que buscaban ingenieros para llevarse a ese país siempre y cuando manejaran el inglés, el francés y tuvieran experiencia laboral.

La propuesta era muy sencilla: si yo tenía lo que ellos pedían me daban la residencia permanente canadiense, con la cual podría irme a vivir a ese país y en unos años volverme ciudadano. Así que cogí mis pocos ahorros y me metí a estudiar francés, porque el inglés lograba machetearlo por lo menos un poco.

Al cabo de seis meses logré alcanzar un nivel básico de francés y envié mis documentos a la embajada canadiense. Ellos tardaron dos años en el proceso de enviarme el papel que se convertiría en mi residencia permanente una vez llegara a Canadá. Fueron dos largos años de espera, los cuales los pasé en la oficina, en Transmilenio y en el aula, mejorando mi francés para que mi llegada a Canadá no me cogiera con los calzones abajo.

Yo tenía muchas ganas de irme a Canadá, pero en dos años la ambición, la emoción y las ganas de una persona pueden cambiar. Cuando me llegó el papel que tanto esperaba del Gobierno canadiense, en ese momento yo ya no tenía tantas ganas de ir a congelarme las orejas a ese frío país, así que decidí irme a Francia en su lugar. Me fui para tener la experiencia de vivir en Europa por dos meses, también me fui a Francia en un intento fallido de encontrar el amor, pero esa historia no vale la pena contarla.

Europa es muy lindo y toda la vaina, pero no me sentí muy bien acogido que digamos, sobre todo porque venía acostumbrado a un ambiente laboral en Colombia, el cual sí debo admitir que es un ambiente bastante caluroso, humano y amistoso. Así que volví a Colombia para empacar mis maletas e irme a ver qué tal era Canadá. Pero luego de estar dos semanas de vuelta en casa, sentí la misma sensación de que aún no estaba listo para ir a congelarme las orejas. Había algo en mí que me impedía irme a Canadá, porque yo sentía que, en el fondo, me faltaba un capítulo en mi vida por cerrar, sobre todo sabiendo que para Canadá me iba por un largo tiempo. Así que resolví este asunto personal, del que me gustaría hablarles más adelante en este mismo libro, para narrarles cómo fue la experiencia de llegar a un país tan frío como ese.

Capítulo 5

Lo que no te dicen de migrar a un país como Canadá

Montreal, Canadá, 2003

Quiero narrarles primero mi experiencia al llegar a un país como Canadá porque son muchos los mitos que se escuchan sobre ese país, pero poco se sabe de sus realidades. Canadá es un país que tiene muy buen *marketing* como marca, lo cual hace que el mundo entero piense que es el país perfecto. Muchos de los mitos que se escuchan afuera sobre este país narran historias de cómo a la población civil de este país le regalan todo: salud gratis, dinero gratis para quien no trabaje, educación gratis y hasta comida gratis, todo en torno a un ambiente bastante seguro donde nunca pasa nada, en un país donde todos son amables ¡qué gentiles son los canadienses!, donde sí hace frío, pero también hace calor. A Canadá lo describen como esa fotografía *hippie* donde todos bailamos en círculos alrededor del sol, tomados de la mano cantando canciones sobre paz y amor. Ninguna de esas cosas es verdad y a pesar de qué Canadá sí es un país muy bueno en muchos aspectos, comparándolo con otros lugares del mundo, no es el jardín del Edén que todos creen.

Llegué a este país el 11 de septiembre del 2009, el día menos aconsejable para montarse en un avión, dicen los supersticiosos. Yo ya había tenido la oportunidad de trabajar en Estados Unidos durante mis años de adolescencia, pasando un mes aquí y un mes allá en trabajos de supervivencia que me dieron una idea de cómo sería mi vida en Norteamérica. Ya le había perdido el miedo a tener que trabajar en lo que fuera, así que para mí no había ningún tabú a la hora de emplearme en otra cosa que no fuera mi carrera profesional de la cual había salido huyendo de Colombia. Llegué a Canadá a hacer un curso de *bartender* que duró dos semanas y conseguí un trabajo en un restaurante haciendo de todo menos eso. Luego de un par de años logré entrar a la vida nocturna de los bares de Montreal para emborrachar a sus ciudadanos.

Canadá sí me cumplió con algunas de sus promesas: 1. Es un país seguro donde puedo hablar por celular en la calle a cualquier hora del día y no me pasa nada. 2. Sí me dieron buenas tarifas a la hora de estudiar en la universidad, aproveché y le saqué dos diplomas a la universidad McGill, uno de los cuales fue de mercadeo. 3. Canadá me cumplió la promesa de no dejarme morir con un sistema de salud que aparenta ser gratuito, pero que con el tiempo nos damos cuenta de que el precio que pagamos por él en nuestros impuestos es demasiado elevado para el mediocre servicio que recibimos en realidad. 4. También me cumplió a la hora de darme un salario competitivo cuando decidí volver a trabajar como ingeniero; competitivo para la época, ya que por culpa de la inflación la misma cifra no me alcanzaría para nada hoy en día.

El precio que hay que pagar por vivir en este país primermundista, top cinco de los mejores países para vivir del mundo, puede ser muy elevado para la gran mayoría de nosotros.

El aspecto financiero

A pesar de que sí se puede tener un buen salario en Canadá, en una moneda fuerte como lo es el dólar canadiense, la cantidad de impuestos que nos quitan en este país es demasiado alta. Canadá es un país diseñado para los empleados, un país que vive de los impuestos que pagamos: dependiendo del rango salarial de la persona, un empleado puede llegar a pagar hasta el 50 % o 60 % de sus ingresos solo en impuestos y con lo que nos queda en el bolsillo escasamente podemos pagar una de las rentas más caras del mundo en la actualidad. Otra parte de nuestro dinero se va en comida, transportes y comunicaciones; el resto lo metemos en un ahorro que muchas veces utilizamos para volver a nuestra tierra para poder visitar a la familia una vez cada dos o tres años.

El aspecto emocional

Caer en el círculo vicioso del mundo corporativo canadiense puede funcionarle a algunos, pero puede ser riesgoso para muchos otros. Son pocos los salarios muy bien remunerados, como en todas partes del mundo. Y a pesar de que es un país seguro, desarrollado y lleno de oportunidades, a Canadá le pasa lo de a un auto nuevo: muy lindo y todo, pero nos acostumbramos muy rápido a verlo, tomamos su seguridad por hecho y comenzamos a preguntarnos si estar tan solos en un país lejano y frío, en realidad, vale la pena.

Es por eso que muchos inmigrantes, después de varios años, deciden volver a casa, porque prefieren vivir mirando para atrás pendientes de quién viene a robarlos para llegar a casa a contarle la historia a sus familiares y prender el televisor para escuchar las noticias en su propio idioma, con tal de no seguir llegando a un apartamento solitario enterrado bajo la nieve.

La depresión por culpa de la soledad y la pérdida del arraigo en Canadá es una realidad que nos afecta a todos como inmigrantes, se los digo yo que llevo doce años viviendo por acá. Sin embargo, con Canadá estoy bastante agradecido porque aquí he podido vivir muchas de las etapas más importantes de mi vida, las cuales he podido celebrar no solo por el hecho de vivir en Canadá, ya que eso no sería suficiente, sino por la simple y única razón de que la vida sin propósito no tiene ningún sentido, y Canadá de alguna u otra manera me ayudó a encontrarlo.

Otros aspectos

A Montreal le debo mi fluidez en dos idiomas alternativos al español, ya que en esta ciudad se habla tanto en inglés como en francés. Una vez tenía los idiomas, algunos diplomas y una buena hoja de vida, busqué trabajo como ingeniero. A la semana de haber aplicado a cinco trabajos, tuve tres entrevistas, me contrataron en una y comenzó una nueva etapa de mi vida como emigrante en este país. Por fin podía tener un salario bien remunerado, seguro y estable y no un salario por hora hasta las cuatro de la mañana, como cuando trabajaba en los bares y restaurantes de la ciudad.

Canadá es un país perfecto para quien quiere ser empleado toda su vida, aquí se puede formar una familia, pasar la tarde en el parque, pagar una hipoteca a treinta años, meter ahorros en un fondo de un banco, para que la pensión no nos agarre desprevenidos, y así, por fin, cuando tengamos sesenta y cinco años lograr retirarnos con un poco dignidad, con una casa paga, una pensión del Gobierno que alcance solo para comer y esperar, con paciencia, a ver qué tipos de achaques vendrán a sorprendernos con la edad.

Los dos primeros años de mi vida en esta oficina fueron como un sueño hecho realidad, tenía mi propia esquina con vista a la ciudad, no tenía horario fijo, podía entrar cuando quisiera, salir cuando quisiera, podría llevarme el computador a la casa para trabajar desde cualquier lugar en la época en que eso no era normal y se considera un lujo. Pero, muy rápido, este sueño se comenzó a desvanecer, porque mis funciones laborales, día a día, eran las de un ingeniero, las de la misma clase de mi trabajo del cual huí de Colombia. Me di cuenta de que yo no me fui de Colombia por Colombia, yo me fui de Colombia para encontrar respuestas que no estaba logrando descifrar en mi nuevo puesto laboral.

Cada vez que yo abría el computador para ejercer mis funciones sentía estrés, ansiedad y depresión. Cada vez que pensaba en que solo tenía tres semanas del año vacaciones para poder ir a ver a mi familia, me recordaba que no podría conocer otro lugar del mundo, las opciones eran: visitar a la familia o viajar a otro lado, sin ver a la familia; el resto tenía que pasarlo sentado en la oficina, haciendo algo que no me gustaba, que no me movía ninguna fibra.

Comencé, con desespero, a buscarle un sentido a la vida ya que la depresión de pensar que así sería para siempre mi existencia me hacía perder la motivación. Empecé por la guitarra, aprendí a tocar un par de canciones en ella y le cogí mucho cariño. Pero encontrar una afición no es fácil. Me sorprende ver que muchas personas no tienen ni idea de qué es lo que les gusta hacer, muchas personas dirán que con el tiempo libre se dedicaron a la pintura, al arte, y puede que a los tres días ya odien esa actividad. Es imposible que sepamos qué es lo que nos gusta hacer si no intentamos varias cosas, así como yo intenté primero con la guitarra. Nos llevamos muy bien un tiempo, pero no era suficiente.

Todos los tutoriales de guitarra los aprendí por internet, en YouTube, buscando clases de cómo tocar mis canciones favoritas. Hasta que de repente, un video de la plataforma llamó mi atención, un *video vlog* de un ser humano contando historias de la ciudad de Nueva York, deje la guitarra de lado y comencé a navegar este tipo de videos con la boca abierta, sorprendido y enamorado; el corazón trataba de decirme algo.

En mi mente yo hacía las conexiones necesarias para imaginar de forma coherente cómo podría narrar historias en formato audiovisual, como una especie de revelación, todo de repente tenía mucho más sentido para mí. Fue de esta manera que, con mi celular, comencé a hacer videos, sobre las historias de un latino y su vida en Canadá, era bastante entretenido.

En esa época yo le compartía mis videos a mi jefe, pero me daba mucha pena que alguien más los viera. Yo no sabía mucho sobre redes sociales, temas como el botón de 'Me gusta' o palabras como *suscriptor* o *monetización* eran inexistentes en mi vocabulario. Yo hacía los videos por gusto, pasión y entretenimiento. Contar historias se convirtió en una nueva obsesión, me generaba un sentimiento mucho más satisfactorio que el hecho de aprender una canción en guitarra. En ese momento me di cuenta que comunicar, entretener e informar era un camino que disfrutaba mucho más que las tablas de Excel de la ingeniería.

Al poco tiempo de estar haciendo videos en YouTube, cada semana, sin pausa, me llegó un correo de Google diciendo que ya podía monetizar el canal. Me pareció chistoso pero interesante al mismo tiempo, ya que con los videos podría ahora pagar la factura del celular. Yo no sabía que hacer videos en YouTube años más tarde se iba a convertir en mi trabajo a tiempo completo, el cual me puso, tres años después, en la posición de hablar con mi jefe para entregarle mi carta de renuncia. Era el momento de decidir si quería hacer esto en serio o no; decidí entonces apostarle a mi felicidad.

La apuesta no fue un salto al vacío, porque durante los dos años anteriores a mi renuncia había entendido varias dinámicas de monetización digital que me permitieron renunciar con tranquilidad en términos financieros.

Cuando le dije a mi mamá que había renunciado a mi trabajo como ingeniero sus primeras palabras fueron: «Juan, mucho bruto». Me hizo sentir como un completo inadaptado, pero no la culpo ya que somos de generaciones distintas. Para la generación de mi mamá era muy importante ser empleado de una empresa, tener un trabajo estable, una hipoteca, hijos y plantas. Era muy riesgoso dejar un trabajo fijo por irme a aventurar por el mundo a grabar historias, pero esa sensación de seguridad es una fantasía, ya que así nuestro contrato en una empresa sea indefinido, nos pueden despedir cuando se les dé la gana de todas formas.

Yo nunca le había metido tanto amor, ganas, esfuerzo y dedicación a nada en mi vida, pero narrar historias y presentarlas en formato de video encajaba en mi cerebro con una armonía tal que, de repente, me hacía entender el mundo y la vida de mejor manera. Este trabajo me enseñó, una vez más, que la respuesta siempre se esconde en el corazón, nosotros mismos sabemos lo que nos gusta, lo que nos hace felices, pero si no salimos a buscarlo es muy difícil que la respuesta llegue sola. Tenemos que ayudarnos un poco a nosotros mismos a encontrar el camino, que no siempre es la ruta que nos aconseja seguir la sociedad, ni nuestros padres, ni nuestros miedos.

Esa fue mi última etapa en suelo canadiense, porque a pesar de que sigo viviendo aquí, la pasión que siento por mi nuevo trabajo me ha llevado a recorrer los lugares más recónditos del planeta. He podido ver con mis propios ojos que el mundo no es como lo pintan, he podido aprender a apreciar lo que tenemos por medio de las historias que muchos personajes, a lo largo de mis recorridos, me han contado, he podido apreciar nuestra existencia e impedir que nos sigan metiendo los dedos en la boca.

La palabra inadaptado cambia su significado dependiendo del origen de la persona, porque nuestras creencias y necesidades van a ser distintas según las circunstancias que nos tocó vivir de niños o el país en el que nacemos. Aunque al final de cuentas, todos buscamos lo mismo: paz, seguridad y felicidad.

Aquí les van algunas historias de cómo otros inadaptados como yo han logrado darle un nuevo significado a sus vidas a través del propósito, resurgiendo en ocasiones de las cenizas, en contra de la corriente, en contra de las probabilidades, en contra incluso de sus propias vidas.

PARTE III

LOS INA- DAPTA- DOS DEL MUNDO

BLACK

Estamos a punto de hacer un recorrido bastante inusual, vamos a hacer UN VIAJE POR EL MUNDO que nos llevará a tomar algunos aviones, barcos y trenes hacia lugares increíbles que nunca salen en las portadas de revista. Vamos a entender de frente muchas realidades en un intento por comprender los sistemas políticos, económicos, medioambientales, sociales, tecnológicos e incluso de guerra que se viven alrededor del planeta, para que ustedes sean testigos, así como yo, de que nuestra realidad y percepción del mundo, tal vez, no es como creíamos.

Medio ambiente

Capítulo 6
Las familias del basurero

Cairo, Egipto, 2021

Uno de los grandes sueños de viaje de la mayoría de las personas es conocer las famosas pirámides de Egipto. La historia de una antigua civilización que sobrevivió a la despiadada furia del desierto del Sáhara gracias a la bondad del río Nilo, un río histórico y muy importante para la historia de la humanidad, porque sin él, los egipcios nunca hubieran conocido la agricultura; sin él, jamás hubieran conocido el arte de la roca para construir sus inmortales monumentos; sin él, jamás se hubiera interpretado la espiritualidad de la forma única en que lo hacen los egipcios.

Este río, por el cual hace muchos años la misma Cleopatra daría una vuelta, de la misma forma que hoy lo hacen millones de turistas al año, fue el epicentro de una de las civilizaciones más enigmáticas que han pisado la faz de la Tierra. Los egipcios han sido arquitectos, científicos, médicos y astrónomos, desde antes de que el tiempo fuera concebido.

Hoy se siguen descubriendo sarcófagos que narran el paso de los más importantes faraones, haciendo que el desierto se convierta en un parque de diversiones para los arqueólogos enamorados del pasado. Es por esto y muchas razones más que Egipto es un destino turístico tan importante en la actualidad, ya que en sus ciudades encontraremos los trazos de un glorioso imperio lleno de misterios y hazañas imposibles de imaginar para la mente humana moderna, como sus templos, obeliscos y grandes columnas de piedra, talladas a mano al lado de la ciudad de Lúxor. Esta fue la obsesión de Ramsés II por inmortalizar su gloria a través de los siglos en búsqueda de un camino hacia la eternidad.

Pero eso no es lo único que define a Egipto, por lo menos no en su mayoría. Egipto no es solo un país lleno de ruinas, tumbas y pirámides. Egipto es el hogar de una de las ciudades más pobladas del planeta, llamada El Cairo. En ella, se esconden muchos secretos del Egipto moderno, que llamarían mucho más la atención si lo comparamos con la momia de Tutankamón. Esta es una ciudad con alrededor de cuarenta millones de personas, que viven rodeados de arena a lado y lado del mismo Nilo que la atraviesa. Lo que pensé antes de llegar, es que allí la vida debe tener sus retos. Y muy variados. ¿Cómo será la vida del egipcio moderno que no tuvo la ventaja de crecer en casa de los faraones del petróleo? ¿Cuáles serán algunas de las crudas realidades que enfrentan las personas que viven en un lugar donde el agua es tan sagrada como la vida misma?

La vida real de las familias menos favorecidas del Cairo fue para mí la pirámide que más llamó mi atención, ya que por lo menos el enigma de saber cómo viven estas personas sí podía responderse con una sola visita.

Tenía mucha curiosidad de saber cuáles eran los retos de las familias cotidianas del Sáhara egipcio, para compararlo con algunas de las duras realidades latinoamericanas y así abrir un poco más la mente ante las posibilidades. Así que decidí comprar un vuelo directo desde Toronto al Cairo y me fui a la lejana tierra de Osiris.Cuando hice una previa investigación me di cuenta de que en El Cairo existían tres grupos de comunidades muy interesantes por su elemento autóctono muy propio de la ciudad: la primera eran las familias que vivían en el cementerio, haciendo posesión de los viejos mausoleos para adecuar allí sus habitaciones; la segunda eran las familias que viven de alquilar los camellos que rodean las pirámides de Giza y, la tercera, las familias que vivían dentro del basurero más grande de la ciudad. Esa última me intrigaba más de la cuenta.

Familias que viven en las tumbas del cementerio de El Cairo.

Llegué a El Cairo con una maleta de mano en la cual llevaba siete camisetas entre otras prendas estrictamente necesarias para la aventura y una cámara. A la salida del aeropuerto se siente, de inmediato, que estás en otro mundo, no solo porque todo está escrito en árabe, sino porque el ritmo de socialización con las personas es más intenso de lo normal. Apenas atravesé las puertas que llevan a la calle se me acercaron varios señores a tomar mis maletas casi que a la fuerza para meterlas en sus autos para 'ofrecerme' un servicio de taxi. Es tanta la insistencia por parte de los taxistas, comerciantes y algunos limosneros, que muy rápido me di cuenta de que solo decir «No, gracias» no servía para nada. Un egipcio en el avión me advirtió que esto podría suceder y me enseñó a decir «Déjame en paz» en árabe, asegurándome que diciendo eso podría liberarme de situaciones incómodas, a pesar de que sonara rudo. «Déjame en paz», le dije al uno de los taxistas y de inmediato me dejó tranquilo. Yo no estaba muy seguro de usar la frase porque en latinoamérica sonaría muy grosero decirle así a alguien en la calle, pero me dijeron que allí era normal y que si lo decía en árabe era aún mejor para parecer menos turista. El caso es que la frase funcionó y me permitió dirigirme a un lugar más tranquilo para analizar la situación y así poder pedir un taxi que me diera confianza para llegar al hotel.Es un poco estresante ya que llegar a un país ajeno a decirle «Déjame en paz» a su gente no es de mis deportes favoritos. Aunque hoy en día para ser sincero ni siquiera estoy seguro de que «Déjame en paz» fuera la traducción correcta. Quién sabe qué fue lo que me la pasé diciendo, de verdad, por allá. Al llegar al hotel dejé mis maletas y, de inmediato, pedí un servicio de transporte de esos que se ofrecen por medio de una *app* hacia un punto exacto de la ciudad con base en unas coordenadas de *GPS* que encontré en varios artículos que hablaban sobre la ciudad de la basura. Sin saber qué me esperaba, o cómo sería la realidad de aquel lugar, me subí en el auto que me llevó al destino, desafiando mis miedos e inseguridades por estar en un lejano país que no habla mi idioma, más aún yendo a un lugar considerado por muchos como muy peligroso.

Mientras miraba los grandes edificios de paredes amarillas por la arena del desierto que decoran la ciudad, me preguntaba:«¿Qué carajos estoy haciendo aquí?». No tenía ni plan ni mapa, solo me acompañaba una pequeña cámara de bolsillo para documentar lo que me fuera a encontrar.El transporte me dejó en una esquina saliendo por la autopista principal y el conductor me dijo: «*Garbage City, that way*», señalando con su dedo un estrecho callejón entre edificios de monstruoso tamaño, que me llevaría a la famosa ciudad de la basura.

Antes de entrar a un lugar así primero analizo la situación desde afuera, asegurándome, tal vez, de que no haya gente rara por ahí mirándome como un turista indeseado, o tal vez, solo tomando un aire de coraje antes de la acción.

Al entrar por el callejón el mito de la ciudad de las basuras se desplegó ante mis ojos: este lugar era más real de lo que había imaginado.Delante de mí tenía un gran laberinto de enormes edificios de diez y hasta de quince pisos de altura. Eran viejas estructuras en ladrillo, en su mayoría sin ventanas, sin puertas y repletas hasta el techo de basura. Me sentía como un niño cuando va por primera vez a Disney, deslumbrado al estar presenciando un escenario sacado de los mejores libros de ciencia ficción, el escenario perfecto de un típico lugar muy hostil en otro planeta, perfumado con una mezcla exótica de todo tipo de basura en descomposición y millones de moscas en el ambiente. Sin ser arqueólogo había descubierto mi propio sarcófago de la Egipto moderna y estaba listo para explorar sus realidades.

Al entrar por los pasillos, la ciudad de la basura nos va relatando su historia. Este lugar no es solo el hogar de miles de familias egipcias, sino que a su vez es el basurero más grande e importante de la ciudad. El problema con El Cairo es que la ciudad como tal no tiene un buen manejo de basuras, y entonces muchos padres de familia, de bajos recursos, encontraron allí la oportunidad de ganarse la vida reciclando. El reciclaje les dio un sustento interesante para mantener a sus familias, de alguna forma, sin salir del estado de pobreza. Un reciclador normal salía por la mañana a recoger desperdicios en su carretilla, llevaba la basura a casa para clasificarla y cuando ya tenía una cantidad interesante de plásticos, latas o telas, las vendía por peso a diferentes empresas interesadas. Poco a poco los recicladores de El Cairo se tomaron ese pedazo viejo y abandonado de la ciudad, conocido hoy como la ciudad de la basura, por llevar no solo su colecta hasta allí, sino también a sus familias. Lo anterior hizo que este basurero, de a pocos, se poblara con familias que vieron en la basura un futuro para sus vidas.

Entré sin pedir permiso al primer edificio que encontré a la izquierda, despacio, un paso a la vez. De frente me tropecé con un grupo de cuatro mujeres, quienes con sus manos organizaban toneladas de plástico que, seguro, alguien les había dejado allí desde por la mañana. Al verme, las mujeres me miraron muy serias. Yo no sabía ni qué decirles, así que solo levanté mi mano y saludé en inglés con un *hello.* Una de ellas sonrió y dijo *hello* también.Por medio de un traductor en mi celular logré decirles que yo era un turista, que era colombiano y que venía de muy lejos para conocer sobre su trabajo. Ese fue mi primer encuentro con el increíble calor humano del pueblo egipcio. Ellos son tan especiales y amables que a veces logran arrugar el corazón. La señora, de inmediato, se puso de pie y me dio un *tour* por el oscuro piso donde pasaban la mayor parte del día, entre plásticos y una máquina que los comprime para lograr venderlo como materia prima para otro tipo de procesos. Allí mismo lo vuelven a empacar en costales sellados por completo y el distribuidor se los lleva dándoles a ellas unas monedas por su trabajo.

Lo que más llamó mi atención del edificio fue la escalera que llevaba al segundo piso, un oscuro pasadizo de donde salió una rata gigante, caminando, sin esconderse, dándome a entender, con su actitud, que aquí vivía ella y que no tenía razones para salir corriendo ya que, en la ciudad de la basura, la población humana es solo superada por las ratas que se pasean en cada esquina del lugar.

Pedí permiso a las mujeres del plástico para ir a curiosear en el segundo piso. Me enviaron con uno de sus hijos para que me acompañara. Iluminando el camino con la linterna de mi teléfono, pasamos por el lado de la vigilante rata que solo nos observaba con serenidad. Entre más subíamos, más luz natural lograba entrar al edificio. Las escaleras, por el contrario, siempre permanecían en total oscuridad. El hijo de la señora estaba muy emocionado con mostrarme todo lo que allí guardaban, me hablaba con euforia en árabe y yo solo decía *yes*, sin entender nada.

Llegamos al último de nueve pisos que componían este edificio, no había ventanas, todo era al aire libre. El chico corrió para mostrarme una polea, al verla entendí la razón de ser de esta operación. En algún lugar, los recicladores clasifican la basura, a este edificio envían bultos gigantes de solo plástico. Con la polea que cuelga desde el último piso, suben la carga desde la calle y la almacenan en cualquiera de los pisos donde haya espacio, por eso no tienen ventanas. De allí, las mujeres van tomando, bulto por bulto, para procesar el plástico y convertirlo en esquirlas compactas del mismo material, así comprimen los bultos y los revenden. Todo un proceso empírico, pero industrial, que parece funcionar muy bien.Al salir del edificio entendí que, más que una ciudad de las basuras, me encontraba en la meca del reciclaje de El Cairo.

Me despedí de las amables señoras y continué mi recorrido, siempre con mi mano en la nariz, para no respirar el apestoso olor de sus calles. Pero, al mismo tiempo, intentando ser respetuoso ante su modo de vida.

En cada cuadra había una actividad distinta: yo estaba saliendo de la zona de plásticos para entrar a la zona de descomposición orgánica. Allí es donde la cosa se puso complicada.

Me di cuenta de que entraba a otra área distinta porque la densidad de moscas en el ambiente aumentaba y también el olor a podrido. El piso se volvía cada vez más difícil de caminar, charcos de líquidos extraños, basura y comida en cada esquina. Un callejón infinito de podredumbre se abría ante mí, el corazón del basurero de El Cairo.

Este lugar lucía como Ciudad Gótica por sus grandes y oscuros edificios, solo que lleno de basura, ratas, cucarachas y algunas familias nadando entre escombros, como si nada. Dando la vuelta por una esquina noté a una anciana de cabello blanco, sentada dentro de un corredor. Enfrente de ella estaba su marido, también sentado, ambos clasificando comida podrida. Quise ir a saludarlos para ver si podía tener la misma experiencia amigable que con las señoras del plástico, pero entrar a su edificio fue más difícil de lo que pensaba: el piso se hundía con mis pasos, eran solo capas y capas de comida y basura, invadiéndolo todo, al mismo tiempo. Cada paso se sentía como estar caminando sobre tomates podridos y el olor se ponía cada vez más insoportable. Llegué hasta donde la señora y la saludé, le dije: «Soy un turista interesado en aprender sobre la basura», me miró y con un cuchillo que sostenía en su mano me hizo la señal de «Siga». Sin saber en dónde me estaba metiendo, continué.

La montaña de basura y desperdicios orgánicos se hacía cada vez más grande y, en el fondo del pasillo, había un corral al aire libre, como una especie de patio trasero, inundado de basura. Yo sentía la necesidad de saber qué había en ese corral, en contra de mi sistema digestivo, el cual me pedía a gritos que no lo hiciera. Entré, con un nudo en la garganta por el olor que de repente invadía mis pulmones, tratando de usar todas mis fuerzas para no vomitar y así satisfacer mi curiosidad. Cuando llegué a la cerca del corral, los vi, allí estaba una de las razones de ese asqueroso olor; más de veinte cerdos encerrados, viviendo entre desperdicios, heces y orina, todo al mismo tiempo. Una combinación de olores tremendos, un cóctel efectivo para quitarle el apetito al que sea.De repente, y sin darme cuenta, a mi cuerpo lo comenzaban a invadir unas gigantes moscas negras por culpa de la basura que comenzaba a inundar mis zapatos y mi pantalón. Las moscas, al igual que las ratas de este lugar, eran bichos con mucha personalidad, sin miedo a la raza humana, imposibles de ahuyentar.

No dure más de tres minutos mirando a los cerdos y analizando la situación. Me di la vuelta y salí de aquel lugar bastante afanado no sin antes despedirme de la amable señora que, entre los desechos, trabajaba. Ella fue lo que más me impresionó: una viejecita con su marido, sentados en ese apestoso lugar, llenos de basura de la cabeza hasta los pies, seleccionando entre la porquería lo que va para los cerdos y lo que no, todo el día respirando ese aire que a mí casi me hace vomitar, todos los días de sus vidas. En definitiva, el ser humano es capaz de adaptarse a todo, seguro ellos ya no sienten el olor ni se lavarán las manos, toda la basura la tocan sin guantes.

Al conocer los cerdos me di cuenta de que no solo estaba en un lugar especial por el contexto mismo de la basura, sino que también, el corral me confirmó, sin quererlo, que me encontraba en una zona cristiana de El Cairo, y no de musulmanes, ya que a los cerdos los estaban engordando para comérselos en cualquier momento, lo que, por cuestiones religiosas, no hacen los musulmanes.

Un habitante de la ciudad de las basuras en el patio de su casa.

Cuando salí de ese edificio, tomé un gran respiro de aire por la boca, llevaba minutos tratando de aguantar la respiración ahí dentro. El aire podrido de las calles de la ciudad de la basura se sintió de repente limpio, comparándolo con lo ya vivido.

En ese momento ya había aprendido mucho sobre el lugar, pero faltaba lo más importante. Egipto es uno de esos pocos países que aún quedan donde al ver un turista la gente se le quiere tirar encima (en el buen sentido), para darle la bienvenida, (o en el mal sentido) para pedirle plata.

Entre sus cuadras, me dejé entretener por unos señores que montaban un gran bulto repleto de 'algo' en una polea, un escenario normal en este lugar. Mientras los miraba, tres niñas de alrededor nueve años llegaron a saludarme y lo hicieron en inglés. «*Hello*», dijeron, no hablaban un inglés perfecto, pero sí mucho mejor que mi inexistente árabe y así logramos comunicarnos, sin necesidad de usar el traductor. Una de ellas también sabía decir cosas en francés. En un lugar lleno de basura, donde algunas personas me aconsejaron que no visitara, donde nadie ve futuro, la cara 'sucia y fea' de la ciudad, de repente allí mismo, me encontré con niños bilingües, un contraste suficiente para callarle la boca al que al pasar por ahí, critica a sus 'sucios' habitantes, en un solo idioma.

Las niñas bilingües de la ciudad de la basura eran buenas para conversar. Yo les pregunté dónde estaban sus padres, a lo que ellas respondieron: «En casa». Les dije: «Entonces vamos a saludarlos». Estaba muy emocionado de ver la otra cara del basurero, lo que se escondía detrás de las pocas puertas que aún existen en estos viejos edificios, los hogares de las familias que aquí habitan.

Las niñas me llevaron a conocer a su familia con la emoción que solo un niño de esa edad siente al llevar a casa a un completo desconocido que se acababan de encontrar en la calle. Yo podría sentir su euforia, hablaban muy duro entre ellas, me jalaban de la mano, trataban de correr, estaban extrañamente urgidas de mostrarme su hogar.

Cuando entramos al edificio me di cuenta de que no era diferente a todos los demás: escalera oscuras y pasillos llenos de puertas, zapatos y algunas ratas, por supuesto. Subimos al quinto piso del edificio y nos abrió la puerta una mujer. Me miró confundida, pero las niñas le dijeron en árabe lo que yo asumo que fue «Él es un turista que encontramos en la calle», o algo así. La señora me sonrió, abrió la puerta y me dejó seguir, con la serenidad de alguien que seguro ya se estaba acostumbrando al ritual de acoger desconocidos en casa. En ese apartamento conocí a la mamá de las niñas y también a sus abuelos. Un humilde, pero bastante acogedor y bien decorado apartamento de dos alcobas, un espacio para sala con comedor, un baño y la cocina. Me sorprendió bastante que a pesar de que en esta parte de El Cairo todo está lleno de basura, dentro de los hogares la gente mantiene su dignidad: son espacios muy organizados, con buena decoración, acogedores y limpios. Entrar en un apartamento de la "ciudad de las basuras" era como atravesar un portal a otra dimensión, pasando de un ambiente caótico y sucio, a un hogar de una familia que solo vive su vida, como la mayoría de nosotros.

Las prioridades, así como la religión, son asuntos regidos por un contexto geográfico específico, porque nuestras creencias y necesidades dependen del lugar en donde nacimos o vivimos. Estas familias encontraron valor en los desperdicios de otros, convirtiendo la basura en toda una economía; por medio de la recolección y el reciclaje trazaron su propio camino hacia un mejor futuro, según sus propios estándares de supervivencia. Las prioridades aquí no son la casa grande ni el carro del año, no es tener marca de ropa para ser o imitar a la 'gente bien', no es tampoco una prioridad que las hijas se casen con alguien de buen apellido, ni crear espejismos que nos den estatus y aceptación social. La prioridad de las familias de la ciudad de la basura jamás será pretender ante la sociedad cosas que no son, no se preocupan por 'el qué dirán'.

En este lugar, la calidad de la basura colectada y acoger visitantes en su casa son dos de las cosas más importantes. Me di cuenta de eso al sentir la calurosa bienvenida de esta humilde familia en su casa: las niñas me mostraban sus mejores juguetes, la mamá me indicaba con orgullo algunas de sus porcelanas, el abuelo me tomaba fotos con un viejo celular, la abuelita me traía agua en un vaso de metal que se notaba que se había golpeado con los años. Me preguntaron muchas veces si tenía hambre para ofrecerme algo de comer. Para ellos la visita de alguien es todo un acontecimiento, la generosidad de sus corazones elimina por completo la pobreza de su hogar, en un ambiente donde no hay nada de Gucci ni de Dolce&Gabbana, jamás me sentí tan cómodo ni bien recibido.

La vida de lujos, marcas y prestigio, por medio de bienes materiales, no genera para nada la felicidad que otorga el calor de un hogar, las buenas relaciones, las amistades o el sentido de pertenencia a una comunidad. Cosas que la mayoría están dispuestos a sacrificar en su carrera hacia lo superficial, olvidándose del corazón. Un fenómeno que vemos sobre todo en las ciudades grandes del mundo, como en Bogotá, donde, al parecer, lo único que importa es un ascenso en la oficina y trabajar veinticinco horas al día para lograr, por fin, encajar en un sistema que ni nosotros mismos entendemos.

Luego de visitar la familia, me llevaron a conocer el techo del edificio, poco sospechaba yo que al llegar allá arriba iba a tener una de las experiencias que jamás olvidaré en mi vida.

Al llegar al techo nos encontramos con una frágil, pero enorme estructura hecha con madera de cuatro pisos de altura. Esa edificación se veía todo menos segura, se entraba a ella por medio de unas escaleras hechas con tablas que dejaban un enorme espacio al vacío entre ellas. Subimos las primeras escaleras, abrimos el portón y un perro encadenado nos dio la bienvenida: un gran pastor alemán con cara de asesino me ladraba como suplicando a sus dueños que lo soltaran para hacer de mí su cena. Pasamos por el lado del perro y continuamos nuestro camino a la cima de la estructura. A cada paso que daba sentía que todo se movía. Ese castillo de madera estaba pegado con puntillas, arquitectura empírica de las calles egipcias de El Cairo, las pirámides del basurero.

Cuando llegamos a la cima, me llevé la sorpresa de que se trataba de un criadero de palomas. Toda la parte de arriba estaba llena de pequeñas jaulas individuales para albergar a más de 500 palomas al tiempo. A esta aventura me acompañaron las mismas tres niñas y algunos de sus amigos de la misma edad. Uno de los chicos de repente jaló una cuerda, haciendo que todas las jaulas abrieran sus puertas al mismo tiempo. Mientras sostenía una bandera, el chico comenzó a hacer sonidos con su boca, como un indio que lanza flechas desde un caballo en las películas del viejo oeste y las palomas comenzaron a salir volando con dirección hacia las nubes. Para mi sorpresa, me di cuenta de que la gran mayoría de los techos de estos edificios tenían estructuras similares para tener a sus palomas, siendo las seis de la tarde, todos se ponían de acuerdo para liberarlas al mismo tiempo.

El cielo se puso rojo gracias a un atardecer que nos dejó ver el sol escondiéndose por detrás del aire contaminado de la ciudad, en una romántica combinación de esmog y arena del Sáhara. Y en las alturas, millones de palomas volando en círculos alrededor de sus propios edificios, como si estuvieran entrenadas para no ir muy lejos. Me senté a contemplar este inusual paisaje, perdido entre tantos edificios torcidos, y casi destruidos. A lo lejos se veían las pirámides.

Los niños guiaban a las palomas con sus banderas entre gritos y cantos. Cuando caía la noche, el joven a cargo, de alguna

Niño direccionando las palomas con su bandera en el techo de uno de los edificios de la ciudad de las basuras

forma, le dio la humanamente incomprensible orden a las palomas para que volvieran a sus jaulas. Una a una fueron regresando. Cuando las tenían todas en orden, bajaron las puertas para encerrar a las palomas durante la noche.

Resulta que la paloma es uno de los platos típicos en la cultura egipcia: la sirven al horno o asada en todo tipo de lugares, desde los restaurantes cinco estrellas de la ciudad, hasta en los prestigiosos hogares de la ciudad de las basuras. Ese día no comí paloma.

En la actualidad, se recicla más del 90 % de los materiales que allí llegan. En un país desarrollado como Canadá solo se logra reciclar el 10 % del plástico que tiramos a la caneca.

Esta sucia y oscura parte de El Cairo esconde un gran secreto, un secreto que le sirva de lección a las grandes naciones del planeta Tierra, sobre cómo darle una segunda oportunidad a lo que muchos consideramos basura.

Recorriendo los callejones más recónditos del mundo me he dado cuenta de que las prioridades de las familias son diferentes dependiendo de las necesidades a las que se enfrentan. Sin embargo, existen varios factores en común. En general, lo que buscan las personas alrededor del mundo, sin importar sus creencias o condiciones sociales, se resume en la palabra 'felicidad', sea de manera consciente o inconsciente. Pero el duro trajín de la evolución económica de nuestra sociedad tiende a decorar la felicidad con accesorios que muchas veces son innecesarios para llegar a ella, como lo son el dinero, la fama o el estatus socioeconómico.

No puedo asegurar que las personas que viven en la ciudad de las basuras sean todas felices, mucho menos sabiendo las condiciones de salubridad en las que viven, pero tampoco puedo asegurar que el gerente de un banco en la gran ciudad sí lo sea. Lo que sí es seguro es que la felicidad llega por momentos, no es una constante que logra aparecer de vez en cuando y más seguido cuando hemos encontrado nuestro propósito en la vida. Seguro en la ciudad de las basuras hay gente que encontró la felicidad por medio del reciclaje, es posible. Sin importar en dónde se viva, la respuesta hacia la felicidad la tenemos por dentro, solo si somos capaces de hacernos a nosotros mismos las buenas y más difíciles preguntas personales para llegar a ella.

SISTEMA POLÍTICO

(Cuba: Los que se tuvieron que adaptar)

Capítulo 7

Las jineteras de La Habana

La Habana Cuba, 2022

Cuba es uno de esos lugares únicos en el planeta, no solo porque tiene zonas paradisíacas dignas del Caribe, no solo por su gente, su cultura, ni siquiera por su tabaco, sino por su historia. Esta isla sufre de una maldición, la maldición de estar tan cerca de un país como Estados Unidos, lo cual para los ojos de muchos es una gran oportunidad, como lo fue hasta cierto punto para los panameños y sin estar tan cerca de ellos, pero, para otros, estar tan cerca de Estados Unidos representaba una gran amenaza, sobre todo para uno de los encuentros guerrilleros más románticos de la historia, la unión de Fidel Castro con el Che Guevara, que dependiendo de a quién le pregunten en Cuba, estos dos pueden ser héroes o villanos.

La revolución comunista de Fidel y el Che Guevara logró tomarse el poder en una isla que cuenta con una posición geográfica muy atractiva para la izquierda universal del siglo pasado llamada la Unión Soviética. Los dirigentes cubanos encontraron en los rusos un aliado que les permitió vivir en una burbuja comunista por muchos años hasta que se dieron cuenta, con la caída de la Unión Soviética, que la prosperidad de esos primeros años de revolución fueron tan solo una cortina otorgada por los rusos para que les dejaran intimidar a los norteamericanos al instalar bases militares muy cerca de sus fronteras. Una vez todo esto terminó, Cuba quedó desamparada, sola y por su propia cuenta. Hoy, después de tantos años, se sigue viendo el precio a pagar que, por supuesto, lo paga el pueblo, no el Gobierno ni los turistas.

Viviendo en Canadá me he dado cuenta de que países como Cuba, República Dominicana e, inclusive, Jamaica son destinos muy apetecidos porque a los canadienses, a la hora de viajar, lo único que les importa es tostarse bajo el sol en una playa paradisíaca. Entre más naranja y quemada la piel tenga un canadiense, más feliz es. Tanto así que en los barrios canadienses el vecino o la vecina que tenga ese bronceado típico color zanahoria que agarran los norteamericanos cuando se exponen al sol del Caribe, se convierte en la envidia del barrio. Se vuelve casi que en una competencia volver de vacaciones más bronceado que el otro.

Cuando un canadiense escoge a Cuba como su próximo destino de sol, lo normal es que llegue a La Habana para montarse en un microbús del hotel que lo lleva directamente a Varadero. Allí va a encontrar unas playas muy lindas, un mar precioso, el anhelado sol que tanta falta hace en Canadá, gente muy alegre y servicial para atenderlo, y una parodia de lo que significa ser cubano para que el canadiense se devuelva a su casa creyendo que estuvo en Cuba solo porque le vendieron un tabaco en una feria y se tomó un ron Habana Club. Las playas de Varadero sí son bonitas, pero son iguales a cualquier otro destino que ustedes escojan para tener la experiencia de vivir unos cuantos días en un hotel todo incluido. Ir a Varadero no es ir a Cuba, de la misma forma que ir a Punta Cana, no es ir a República Dominicana. Estos destinos turísticos son burbujas que mantienen a los turistas encerrados en un complejo arquitectónico donde todo está organizado, en el cual la inclusión social o cultural del país que se visita es inexistente.Es por eso mismo que yo decidí ir a Cuba, pero decidí hacerlo por mi propia cuenta, sin intoxicación de un intermediario turístico que tuviera todo un plan programado para mí. Yo no iba a Cuba de vacaciones, yo iba a la isla para aprender de ella, conocerla y escucharla. Yo estaba seguro de que Cuba era mucho más que un folleto con la foto de una playa de esos que se encuentran en las agencias de turismo canadienses y no me equivoqué.

Llegué a la Habana en noviembre del año 2022 y me hospedé en un hotel del centro de la ciudad. Lo único que tenía conmigo era una camarita y un mapa con algunos lugares que me interesaba conocer. El hotel tenía un bonito y colonial balcón con vista directa sobre el Capitolio de la ciudad, un gran monumento arquitectónico inspirado en el mismo Capitolio que se encuentra en Washington D.C., como un irónico recordatorio capitalista en pleno corazón de la isla de la revolución.

Salí a caminar por los alrededores del hotel para darme cuenta de que justo detrás había una calle larga llena de jóvenes prostitutas. Como soy un hombre que caminaba por esa calle solo, me convertí en un blanco fácil para que muchas de ellas vinieran a ofrecerme sus servicios. A mí me parecía muy curioso que una actividad ilegal en el país se ejerciera sin siquiera tratar de esconderse de la Policía. Seguro la ley es consciente del incumplimiento de esta, ya que lo hacen en sus propias narices.

De repente se me acercó una joven muy alta, una mujer de piel morena, con un vestido negro corto y muy pegado, que dejaba muy poco a la imaginación. Yo la vi caminando hacia mí, mirándome a los ojos y con una sonrisa muy amable. Me saludó y me dijo que por qué andaba tan solito, que si yo tenía novia. Decidí seguirle la corriente y hablar con ella un rato con amabilidad, pero después de un par de frases que vienen y van, le pregunté que cuál sería su tarifa para pasar todo un día conmigo. Agregué, además, que yo quería pasar un día con ella, pero para otro tipo de servicio. Cuando le dejé claro que yo no buscaba sus servicios sexuales, la chica cambió de actitud de inmediato. De repente su sonrisa coqueta se desvaneció, su postura cambió, se cruzó de brazos, me miró y me dijo: «¿Qué quieres hacer?».

A mí lo único que me interesaba era pasar un día con ella para entender su estilo de vida, para entender a Cuba desde los ojos y perspectiva de quien trabaja en sus calles vendiéndole su intimidad a los extranjeros. No creo que exista una realidad más cruel que la que ella pudiera contarme. Le pregunté con quién vivía y me respondió que, con su esposo, le dije que si a él también podría hacerle unas preguntas y me respondió que sí.

Le pedí su número de teléfono y le di la instrucción de que me esperara al otro día en la mañana en su casa, sin bañarse, en familia, para que yo fuera hasta allá a documentar su vida desde que comenzaba el día. Quería verlo todo, desde que se levantara para salir, quería conocer a su esposo y los acuerdos que conllevan tener una relación de pareja con una prostituta.

Ese día me levanté muy temprano en la mañana y me fui manejando un carro que había alquilado el día anterior hasta la dirección donde se suponía que quedaba su casa. El *GPS* me llevó hasta un barrio a las afueras de La Habana, un barrio que me recordó un poco las calles destapadas de la ciudad de Kampala en África. Por momentos tuve miedo, yo no conocía esta gente y estaba entrando en un barrio muy peligroso, metido entre la maleza, casas abandonadas y personas que me miraban con curiosidad, ya que yo iba en uno de los pocos automóviles que merodeaban por ahí. Después de varios minutos dando vueltas en círculos por fin encontré el portón de una finca que cumplía con la descripción. Llamé a la chica para confirmar y ella salió a buscarme. Había llegado al lugar correcto.

Dejé el auto estacionado afuera y la seguí en dirección hacia su casa: pasamos un portón en madera el cual abrió un camino largo entre el césped rodeado con alambre de púas. Al final del pasadizo había un amplio, pero muy desordenado terreno, donde se encontraba una pequeña casita hecha en concreto. La casa estaba rodeada de muchos objetos abandonados, bicicletas oxidadas, juguetes para niños rotos, una que otra silla en mal estado, algunas piedras que cumplen funciones diferentes, como una mesa o una vitrina, y una cuerda donde colgaban la ropa para secar. En esa casa vivían la jinetera, como se les llama en Cuba a las prostitutas, y su esposo.

En la parte trasera de la casa había una especie de fregadero de ropa hecho de la forma más empírica posible y, por debajo de este, un cachorro amarrado del cuello con una soga. Cuando me acerqué al perrito para saludarlo sentí que con su mirada me suplicaba que por favor lo sacara de allí.

Se sentía un ambiente de pobreza sin igual, pero nada comparado como cuando entré a la casa a investigar. La casa era un ranchito de piedras con concreto y un frágil techo de tejas metálicas sobrepuestas. A pesar de que el terreno era bastante espacioso la casa no tenía más de diez metros cuadrados: un solo espacio para la sala comedor y habitaciones. Es decir, unas camas sencillas al lado de un sofá que estaba por detrás de una mesa y delante de la cama había una pequeña mesita negra con un computador tan viejo como lo fue la Unión Soviética. En ese computador se encontraba sentado el esposo de aquella joven mujer, jugando alguna especie de videojuego en compañía de una niña de aproximadamente ocho años. Los saludé a todos y ellos me devolvieron el saludo con timidez. El ambiente se sentía incómodo, no teníamos mucho de qué hablar.

Mi nueva amiga me hizo el *tour* de su casa, pasando por la cocina, el baño donde había un pequeño y roto espejo tan grande como la mitad de una hoja tamaño carta, en el que se arreglaba todas las mañanas antes de ir a trabajar. La casa siempre mantenía las puertas abiertas, facilitando el tránsito de los animales que allí convivían: como los patos y algunas gallinas.

La niña de ocho años no era hija de ese matrimonio, era simplemente una sobrinita. Esta pareja ni siquiera eran de La Habana, ellos venían de un pueblo bastante retirado de la capital. Uno de los tantos problemas que enfrenta Cuba, es que para los habitantes es casi imposible cambiarse de ciudad para irse a vivir a otro sitio dentro del mismo país. A pesar de ser cubanos necesitan una serie de permisos muy difíciles de obtener si se quieren mudar de casa o de ciudad. Esto hace que la gente nazca y muera prácticamente en el mismo sitio. Por eso las autoridades cubanas no sabían que esta familia vivía en esa casa, esa era la casa de una prima cercana que los dejó quedarse ahí para que ella pudiera ir más fácil al centro de La Habana a intercambiar su cuerpo por algunas monedas.

La chica me contó, antes de bañarse, que llevaba poco tiempo ejerciendo el oficio de la prostitución, que tenía dieciocho años y que no veía un futuro para su vida.El problema de la prostitución en Cuba va mucho más allá de solo vender el cuerpo, el alma o el espíritu. Hoy la cosa está muy complicada en términos económicos a nivel mundial, pero nada como lo que se vive en ese país: la carencia de oportunidades, la falta de trabajo, los salarios tan ridículos donde un doctor puede ganarse veinticinco dólares al mes, lleva a la gente a tomar medidas desesperadas. A esto hay que sumarle la escasez de bienes, servicios y de alimentos que hacen que esta isla del Caribe sea un lugar invivible para la raza humana.

Una de las primeras preguntas que uno hace al llegar a Cuba es: «Pero si el salario son veinticinco dólares al mes, y una libra de pollo cuesta quince dólares, entonces, ¿cómo hace la gente para vivir aquí?». Y la respuesta se resume en una sola palabra, «Rebusque». El rebusque es la única manera que tiene el cubano para poder sobrevivir, vendiendo lo que sea, haciendo tortas en la casa o arreglando viejos televisores. La lista es infinita. El rebusque, algo a lo que el pueblo de Venezuela ya se ha venido acostumbrando desde hace un par de años, pero con distintas condiciones.

El rebusque en este caso para esta joven de dieciocho años era salir a buscar turistas que estuvieran dispuestos a pagar cualquier cantidad con tal de pasar un rato con ella. Las cosas que ha tenido que vivir esta joven adolescente le dan escalofríos a cualquiera, las cochinadas que ha tenido que soportar, los olores de la gente que seguro no se baña hace semanas, el sabor de la piel ajena y, todo esto, de forma industrializada, todos los días, diferentes olores y sabores repugnantes a diario y repetidamente.

La mayoría de los clientes de este tipo de servicios en La Habana son los gringos, los mismos gringos que tienen disparado el mismo tipo de negocio en ciudades como Medellín y Cartagena, los mismos gringos que hacen que Estados Unidos sea el país número uno que consume pornografía infantil. Esos gringos que ven a la mujer como un producto de bajo costo, a la cual creen conocer solo porque la vieron desnuda. Si tan solo se atrevieran a mirarla de los ojos, es en la mirada de estas tristes mujeres donde se esconde su esencia, su necesidad y su desespero, una mirada que, si un hombre se sentara a analizarla por un segundo, tal vez se le quitarían las ganas de meterlo como un perro baboso sin cerebro. Cada quien encontrará la manera de dormir tranquilo en la noche, supongo.

La chica y yo hablamos durante cuarenta y cinco minutos, a ella se le derramaron un par de lágrimas durante intensos momentos de silencio. Por mi parte, yo trataba con todas mis fuerzas de que no se me aguaran los ojos. ¿Qué debería estar haciendo una niña a los dieciocho años cuando nace en un lugar lleno de oportunidades, bajo el manto de una familia que le otorgue seguridad y confianza? Ella nunca lo sabrá.

Durante nuestra conversación, ella me confesó que ejercía este trabajo en contra de su voluntad, por falta de oportunidades, falta de dinero y una nebulosa visión sobre su futuro. Al mismo tiempo, esta joven adolescente no conocía nada más. Le dije que se alistara para salir, que yo la llevaría hacia el centro de La Habana, al lugar al que siempre va para comenzar su jornada laboral. Lo normal es que esta mujer se demore dos horas en llegar a la gran ciudad desde su hogar, después de pasar por una larga caminata entre piedras, barro y tierra para tomar su autobús. Y así, la misma travesía para volver a casa.

Ella entró en la habitación y, sin bañarse, se cambió de ropa, saliendo de la pijama para forrar su cuerpo con un vestido negro bastante llamativo, el mismo con el que se había acercado para hablarme el día anterior. Así comenzaba su proceso de maquillarse, peinarse y perfumarse para salir a cazar un hombre con billetera.

Mientras ella se maquillaba, a su izquierda se quedaba su sobrina de ocho años jugando en la vieja computadora. Dos señoritas bajo el mismo techo, pero jugando juegos diferentes. La mamá de su sobrinita de ocho años también se dedica a la prostitución. ¿Qué será de esa niña de ocho años cuando crezca? Cuando le toque salir de los juegos de la infancia para entrar a los juegos de los adultos, así por dentro siga siendo una niña. Es probable que llegue el día en que a ella también le toque dejar de jugar con las muñecas para así convertirse en una, y salir a ver quién quiere pagar por jugar con ella.

Yo salí de la casa para esperar a la parejita en el auto, venía mi nueva amiga y su esposo, al cual también le ofrecí llevarlo al centro de la ciudad. El esposo siempre la acompaña a trabajar. Cuando hablé con él me contó que debía estar pendiente de su mujer para protegerla, para estar al tanto de que no le pasara nada malo y acompañarla, que ese era su trabajo. Pero en realidad, el trabajo del señor era administrar las ganancias de esta pobre mujer, más que de protegerla. De alguna u otra manera ella terminó casada con su propio proxeneta. Mientras ella tiene que revolcarse con diferentes cuerpos al día, su esposo pasa el rato sentado en un andén con sus amigos, tomando el sol y riéndose de banalidades cotidianas. Detrás de estas mujeres siempre hay un hombre o, peor aún, una organización que las explota en nombre de la "protección". Esta chica me confesó que si ella pudiera dedicarse a otro oficio lo haría a ojo cerrado. Se le notaba el repudio que sentía por su trabajo. No solo lo sentí en su mirada, también me lo dijo en palabras textuales. Me confesó que si pudiera dedicarse a la peluquería y al mundo de la belleza podría cumplir su sueño, un sueño que gracias al país en donde vive a duras penas logrará alcanzar, por ser la prostitución un círculo vicioso muy difícil de escapar, una tortura física y psicológica a la cual, con mucha tristeza, las mujeres de Cuba tienen que acostumbrarse, una realidad que no les llega a los canadienses en el folleto que reparten las agencias de turismo del país.

Cuando llegamos al centro de La Habana estacioné el auto y dimos una vuelta en el parque, le di su dinero y le dije que se tomara el día libre, que por lo menos por hoy no trabajara, y se fuera a comer un helado o a tomar una limonada, que diera una vuelta por La Habana Vieja, que se sentara en el malecón a ver el atardecer; para ver si por lo menos, por un día, podría reencontrarse con esa adolorida niña que aún vive escondida dentro de su corazón. Le di ese dinero para que por lo menos por un día no tuviera que trabajar y se regalara así misma la bondad de tener un día normal, de no pensar en los problemas, de tratar de sonreír, así como una niña de dieciocho años debería hacer a menudo, aunque las vivencias de esta joven mujer la han encerrado en un lugar muy oscuro del ser, un lugar a donde la luz tal vez nunca volverá.

Ella aceptó mi dinero, se despidió y se fue con su esposo. Esa misma tarde ya estaba trabajando de nuevo. Mi dinero no representó para ella un día de libertad: mi dinero solo significó un día bastante productivo el cual, sumado a todos los hombres con los que se acostó ese día, permitió que ambos volvieran con más efectivo a casa, ya que es por culpa de la misma pobreza que a muchas personas, que viven en esta hermosa isla del Caribe, no se les permite soñar.

Cuba es un país de contrastes, un lugar olvidado en el tiempo lleno de gente buena. Durante mis días allí aprendí a entender la situación real de los cubanos, la cual me dejó una cicatriz en el alma que me llevará a compartir su dolor y frustración por los años que me queden. Duele en el corazón ver lo que la gente es capaz de hacer por un billete, un insignificante pedazo de papel impreso en un país llamado Estados Unidos que da felicidad, mientras no falte.Conocer la vida de las jineteras cubanas me dio una idea de cómo hubiera sido nuestra vida, tal vez, si el taxista de Panamá no nos hubiera llevado al aeropuerto ese día: ¿Qué hubiera pasado si nos hubiera llevado al sitio que le dijeron? ¿Quién estaba realmente esperando por nosotros, dónde y por qué? ¿Cuál era el verdadero plan que tenían para mi madre y para mí?

Jamás sabremos con certeza qué hubiera sido de nosotros, pero es muy fácil tener una idea, ya que así el mundo quiera hacerse el ciego, la realidad que viven millones de mujeres, jóvenes y niños a nivel mundial por culpa del tráfico de personas, es algo que sigue pasando hoy en día. La oferta incrementa a medida que también lo hace la demanda y la industria sexual es un negocio multimillonario, que imprime toneladas de billetes a costa de un sacrificio humano peor que la misma muerte.

Es muy probable que a una joven y bella mujer la conviertan en una adicta con algún tipo de opioide intravenoso, en contra de su voluntad, para que así sea más fácil manipularla con tal de satisfacer su nueva adicción, sexo por heroína. Una transacción mucho más económica para las grandes organizaciones.

También es muy probable que a un niño de dos años lo hayan enviado a un país lejano como la India para entrenarlo desde muy joven en otro de los grandes negocios del tráfico de personas que existe llamado la limosna, otro movimiento multimillonario que recoge toneladas de dinero, un centavo a la vez.

Así como detrás de cada prostituta hay un proxeneta, detrás de cada niño pidiendo limosna en las calles hay alguien recogiendo lo que produce. En países como la India o Bangladesh, es muy fácil encontrar niños en la calle con la lengua cortada y los ojos quemados con cucharas calientes para que no se puedan comunicar con nadie y así, al mismo tiempo, inspiren el pesar que se requiere para que los transeúntes le tiren un par de monedas. Muchos de esos niños ni siquiera son de esos países, sino que son exportaciones privadas, producto de organizaciones internacionales que los reclutan de países lejanos, en muchas ocasiones de América latina. Uno de los destinos más populares para el tráfico infantil son México y Colombia, en donde una vez más, así como en La Habana, los gringos con buena billetera vienen a desocuparla a costa del corazón roto de muchos jóvenes que a la fuerza han tenido que perder no solo a sus familias, sino también su inocencia.

Todo lo que vivimos en Panamá y el gran riesgo que mi madre y yo corrimos, se hubiera podido haber evitado si tan solo en nuestro hogar hubiera existido una figura paterna presente.

Pero no fue así, mi madre y yo quedamos a la deriva expuestos a lo inimaginable. Mi papá, el argentino, jamás se enteró siquiera de todo lo que vivimos.

Pero volviendo al tema de la prostitución en Cuba, donde la causa de todos los males está conectada directamente con el sistema de gobierno de la isla; en Cuba una prostituta no es una prostituta normal; en Cuba esta chica es una persona que como millones de cubanos tiene alternativas limitadas; es muy fácil juzgar a otros cuando no entendemos sus razones, sobre todo si señalamos desde nuestra cómoda silla en un país donde sí hay pan. Los problemas de la sociedad en Cuba son problemas a la cubana, que solo un cubano puede entender. Este libro no es de política; usted, querido lector, es libre de tener la inclinación política de su preferencia, izquierda, derecha, centro, arriba, abajo, no importa; pero antes de tomar una decisión tan importante, las personas que admiran el discurso del comunismo deberían visitar y recorrer Cuba por lo menos una vez en sus vidas y tratar de sobrevivir en ella, antes de dejarse deslumbrar por la poesía atrapante de la ideología comunista y si le gusta lo que ve, vote con confianza. Porque por lo menos yo, que he visitado ya tres países comunistas, pienso que una cosa es lo que está en el papel y otra la realidad de cómo viven sus habitantes.

Si usted tiene libertad o por lo menos la "sensación" de poder escoger lo que quiere hacer en su vida, ya va ganando la partida.

Después de entender a Cuba me pude fumar un tabaco con más tranquilidad.

SISTEMA SOCIAL

Capítulo 8
La vida después del apocalipsis

Nuakchot, Mauritania, 2021

Me encontraba conociendo algunos países del noroeste africano. Empecé por Marruecos, para después bajar a Mauritania, un país que me haría alucinar, pero no en el buen sentido de la palabra, solo volvería allí si sintiera de nuevo la necesidad de incomodar mi existencia.

Luego de haber pasado por todos los filtros de corrupción y sobornos por parte de la Policía en el aeropuerto de su capital, Nuakchot, me encontraba en la parte más comercial del centro de la ciudad, tratando de entender en qué clase de lugar me había metido. Por el momento, nada fuera de lo normal, teniendo en cuenta el contexto africano de las comunidades que viven sumergidas en pleno corazón del desierto del Sáhara.

El desorden del centro de Nuakchot no es algo que impresione lo suficiente a un latinoamericano. Nosotros ya venimos con la vacuna en la sangre que nos permite atravesar calles sin carriles demarcados entre motos, carros, carrozas en madera y personas que se atraviesan en todas las direcciones. Un escenario muy normal de cualquier país subdesarrollado.

Lo lindo de viajar a lugares como estos son las pequeñas diferencias, porque en los problemas globales que enfrentamos sí nos parecemos mucho: la pobreza, el caos, el desorden y la corrupción, pero rodeados con el sano, aunque insuficiente consuelo de que la gente es amable. Debo admitir que yo prefiero los países desordenados: creo que nos hacen más humanos, nuestra esencia no es una ecuación matemática perfecta con la cual han diseñado a la sociedad primermundista, donde todos parecen robots sin corazones ni sentimientos. No es una casualidad que entre más desarrollado y frío sea el país, más alta es la tasa de suicidios. Lo digo con la autoridad que me otorga el hecho de estar escribiendo este capítulo desde una hamaca en la selva venezolana, un país con un millón de problemas, pero a su vez con otro millón de sonrisas para resolverlos. Qué calidad de gente la que hay aquí en el país de Simón Bolívar, pero guardaré las historias sobre Venezuela para otro momento.

Lo curioso del desorden de Nuakchot es que podría ser el mismo desorden de cualquiera de nuestros países, pero son esos pequeños detalles los que la hacen especial. Como los vendedores ambulantes ofreciendo sus extraños productos en un idioma incomprensible, o la vestidura de la gente, que usa unos trajes blancos hechos con una sola tela, la cual combina perfectamente su color con el largo pero delicado turbante que se ponen sobre la cabeza. Yo tenía que probar un turbante de esos, no solo para parecer menos turista, porque eso sería imposible con solo abrir mi boca, sino para esconderme un poco del picante sol del mediodía. Lo que más hace único al ambiente de este caos vehicular es que, al estar este país inmerso 100 % en el Sáhara, todo lo que lo rodea está cubierto con arena: los edificios, las calles y los pulmones de sus habitantes o de quienes lo visiten.

Luego de atravesar una de las calles más retadoras de mi vida, llegué a un mercado callejero de pequeños quioscos, uno pegado del otro, formando, entre todos, infinitos callejones, donde se vendía cuánta cosa fuera posible imaginar. Este lugar era un gran bazar, lleno de condimentos, piratería y, en su mayoría, ropa tanto nueva como de segunda. La mayoría de los productos estaban tirados en el piso y la gente solo escarbaba entre el tumulto lo que necesitara comprar. Hacía tanto calor que muchas veces se podía ver al dueño del negocio tomando una siesta encima de la misma montaña de ropa que trataba de vender. Al mismo tiempo, se podía apreciar un potencial cliente escudriñando entre el tumulto y buscando algún artículo de interés, sin despertar al dueño del local.

Fue en este sitio donde encontré el primer y único turbante que me he puesto en mi vida, y me lo puse de forma incorrecta. Cuando salí a la calle con esta tela mal puesta en la cabeza, no pasaron cinco minutos para que los señores en la esquina de la calle se ofrecieran a ayudarme para ponérmelo bien. Fue mi primer encuentro con la gente local de este nuevo destino, el cual me hizo entender que, a pesar de las diferencias, por dentro, la mayoría de los seres humanos somos iguales. Estos amables caballeros me ayudaron y me enseñaron a amarrarme bien el turbante en la cabeza, una operación muy importante, que toca saber hacer, porque me esperaba una de las travesías más exigentes de mi vida y el turbante jugaría un rol fundamental.

En esta ciudad no hay mucho que ver, y cuando sales de ella, el panorama no cambia demasiado. Salir de Nuakchot es como salir de un gran desierto, donde hay algunas casas y pequeños edificios, hacia otro gran desierto, donde no hay nada en lo absoluto, más que arena al borde de una delgada carretera con un carril de ida y otro de vuelta.

La gran mayoría del pueblo de Mauritania son musulmanes. El nombre completo de este país es República Islámica de Mauritania, lo cual hacía que nuestro recorrido en autobús desde la capital hacia el interior del país se demorara más de lo previsto, ya que un trayecto de ocho horas se puede convertir en doce, porque el chófer del autobús se estaciona cada tanto para rezar a la orilla de la carretera. Él sacaba su tapete, se arrodillaba mirando hacia el infinito del Sáhara para comunicarse con Alá, mientras que los no creyentes aprovechamos el papayazo para orinar detrás de una piedra.

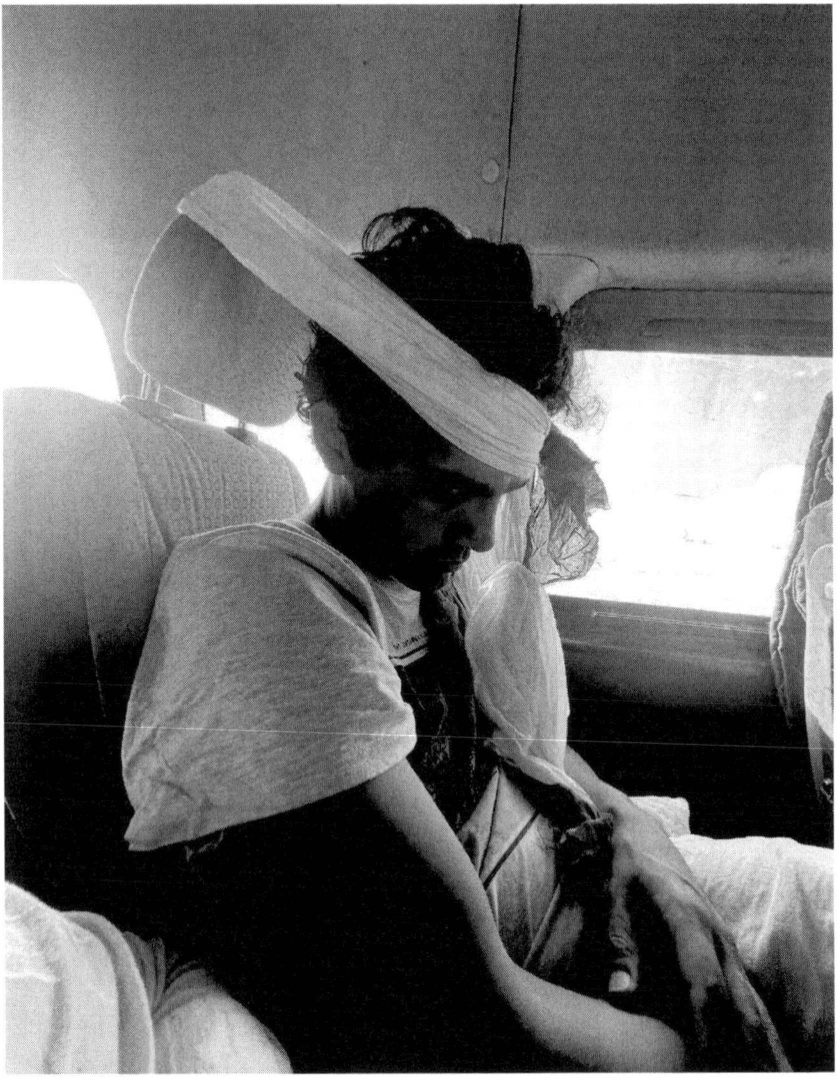

Yo, utilizando el turbante para lograr dormir en el bus.

Atravesamos casi que el país entero en un trayecto de dos días consecutivos hacia el interior del desierto del Sáhara, bien arriba en el noreste de Mauritania, acariciando la arena fronteriza de Argelia. Fue allí, en ese punto exacto donde el ojo entiende, a simple vista, el significado de la palabra 'nada', donde había un pueblo que después lograría entender la razón de su existir. En ese pueblo pasaría la noche y comería el platillo que me acompañó por el resto de mi estancia en este país: pollo asado con arroz.

Mi misión, al adentrarme bien profundo en las arterias de un país desierto y desolado, era llegar lo más cerca posible a una de las maravillas de este país. Se trata de la mina de hierro más importante del planeta, de la cual la mayor cantidad de la extracción se vende a los chinos, por supuesto.

Esta es la mina de hierro más importante del planeta en cuanto a cantidad de producción, así mismo el tren que saca dicho elemento es también el tren de carga más largo del mundo. Tiene aproximadamente tres kilómetros de largo, lo que hace que sea una bestia ferrovial e industrial intimidante y de una estética tan postapocalíptica, que se convirtió en la razón principal de mi viaje a Mauritania.

El plan era muy sencillo: tenía que llegar a la primera parada del tren, la cual estaba a unos pocos kilómetros, después de haber salido de la mina, antes de las cuatro de la tarde. Nadie sabe exactamente a qué hora pasa el tren, porque no es un tren comercial de pasajeros. Todos decían que entre las cuatro y las seis de la tarde, otros que, si no pasaba después de las seis, ya no vendría más. Otros me decían que lo mejor era esperar después de las ocho de la noche; nadie supo decirme a ciencia cierta a qué hora debería ir a esperarlo para no perderlo, así que decidí estar parado en la estación desde las cuatro de la tarde.

Dicha estación de tren no es una estación real de tren, es solo una parada técnica para alimentarlo con el combustible necesario, que requiere una bestia salvaje como estas, para lograr atravesar todo el desierto del Sáhara de Mauritania en menos de veinte horas de un solo trayecto.

Yo llegué a la estación después de tomar dos buses desde la capital y un transporte privado que me dejó en un ferrocarril en el medio de la nada. La "estación" se reconoce porque hay un gran muro de concreto de donde sacan la materia prima que necesita el tren para andar, unos kilómetros más atrás se encuentra un vagón de tren abandonado. Dentro de ese vagón me escondí del sol para esperar al tren con mi maleta de viaje.

Yo no tenía mucha información al respecto de la travesía que me esperaba, solo sabía que estaba apunto de atravesar el desierto del Sáhara encima de un tren de carga. Esperé por un par de horas en el viejo vagón abandonado, el cual también servía como baño público de las personas cuya emergencia sanitaria no los dejó llegar a casa a tiempo. Ahí estaba yo rodeado de excrementos humanos, arena, pedazos de metal tirados aleatoriamente en el piso y un grupo de niños que llegaron a hacerme compañía; los niños y yo nos volvimos amigos, o por lo menos eso creo yo, porque pasaron conmigo los últimos cuarenta minutos de mi espera, y nos tomamos fotos.

Cuando de repente en la distancia lo vi venir, una gigante anaconda metálica que venía hacia mí arrastrándose por el suelo, dejando ver su cabeza al salir de una curva infinita que hacía ver al tren más largo de lo que ya era. Hace mucho no sentía tanto emoción e incertidumbre al mismo tiempo; y ahora, ¿qué carajo se supone que deba hacer?

El tren pasó por enfrente de mí con su potente indiferencia, los niños se levantaron y comenzaron a hablar efusivamente entre ellos, avisándome de alguna forma que el momento había

llegado. Yo me levanté para contemplar a la bestia que sería mi hogar por las próximas dieciocho horas; cada vagón media casi tres metros de altura, cada vagón con su propia escalera para llegar a la cima. El tren solo hace una parada de máximo cinco minutos, ese era todo el tiempo que yo tenía para descifrar la operación de subir a él. Cuando por fin se detuvo el tren, mi reacción fue tomar el equipaje y lanzarlo por encima del vagón para luego subir ligero por la escalera. Tomé con mis manos el viejo metal de la escalera y comencé a subir paso a paso sin saber lo que me esperaba allá arriba; cuando logré subir a la parte más arriba del vagón, me di cuenta de lo inevitable, me esperaba una noche dura.

Los vagones del tren no tienen techo, son gigantes cazuelas metálicas que rellenan con hierro proveniente de la mina; contiene varios toneladas de hierro macizo, lo cual al ojo parece simplemente tierra, pero no es tierra normal, es tierra rígida y dura ya que en su mayoría está compuesta de hierro. Cuando logré subir a las cima del vagón, puse un pie sobre el tierrero que me esperaba, agarré mi maleta y me tomé tres segundos para contemplar el paisaje postapocalíptico que tenía enfrente de mí; desde arriba no se le veía ni la cabeza ni la cola al tren, como debería ser al estar encima del tren más largo del planeta. No pasaron ni segundos y el tren hizo su primer movimiento, diciéndome que llegó el momento de partir.

El tren estaba listo y yo también; de repente escuché el rechinar de las grandes ruedas metálicas contra el riel y comenzamos a avanzar. A medida que el tren se iba moviendo los niños corrían a su lado, despidiéndose de mí con sus manos y gritando frases incomprensibles. Se respiraba en el ambiente que estaba viendo una de las aventuras más intensas de mi vida. El tren tomó más y más velocidad un segundo a la vez, hasta que ya era demasiado tarde para arrepentirse. Era un hecho, estaba atravesando el Sáhara encima de un tren de carga. Nunca olvidaré ese paisaje; un mar infinito de arena ininterrumpida, el sol poniéndose delante de mí, dándome un rojo atardecer y algunas personas en la lejanía subidas también en otros vagones, como queriéndose esconder, todos camuflados, como pequeños ratones. Así me sentía yo, viviendo la experiencia que miles de personas atraviesan en este país, tener que arriesgar la vida solo por llegar de un punto A un punto B, ya que este tren es la única alternativa que tienen muchos pueblos para comunicarse entre sí en el norte de Mauritania; una alternativa de transporte ilegal, ya que el fin del tren es transportar hierro y no pasajeros, pero en Mauritania parece que eso no le importara a nadie.

Luego de ver el atardecer en uno de los escenarios más secos, industrializados e irreales, caí en cuenta de que me quedaban pocos minutos de luz y no tenía nada preparado. Tampoco es que tuviera mucho que preparar ya que gracias a mi ignorancia sobre la aventura solo lleve un par de sándwiches y una cobijita que había comprado en días anteriores en el mercado de la capital.

Cuando el tren agarró velocidad, el viento hizo volar toda la tierra que me rodeaba, toda esa tierra cargada con hierro a lo largo de tres kilómetros de pesados vagones, haciendo prácticamente imposible abrir los ojos o respirar normalmente; en ese momento aprendí que hubiera sido buena idea traer un tapabocas de esos industriales y gafas para hacer esquí; yo no tenía ninguno de estos elementos, fueron dieciocho horas muy difíciles.

Busqué un hueco en la tierra y allí extendí la cobija, traté de comerme uno de los dos sándwiches y me lo pasé con unos sorbos de agua de una de las dos botellas que tenía. Luego de haber comido, y cuando todo se puso oscuro, me metí por debajo de la cobija y me acosté sobre la tierra; yo nunca había sentido una

tierra tan dura, ya que gracias a su abundante composición de hierro, se sentía prácticamente como estar acostado sobre una deforme placa metálica; ahí pasé la noche, la tierra y el polvo también se levantaban por debajo de la cobija, haciendo también difícil la respiración allí.

De vez en cuando asomaba la cabeza por la cobija para intentar mirar al cielo y así contemplar por un instante la inmensa cantidad de estrellas, un cielo tan estrellado como solo las noches del Sáhara saben darlo; un paisaje inolvidable, acompañado del sonido del tren.

El desierto del Sáhara, como cualquier otro desierto, es muy caliente durante el día pero muy frío al llegar la noche. Momentos después de la partida del sol me di cuenta de que mi cobija no era suficiente para aguantar el frío que me esperaba; ya no solo iba estar incómodo y sucio, sino también con frío.

Luego de andar por ocho horas acostado sobre el tierrero encima del tren, hicimos una parada inesperada, el tren comenzó a detenerse poco a poco hasta quedar completamente inmóvil. Se trataba de un chequeo por parte de las autoridades para corroborar que todo estuviera bien; yo ya había tenido dos encuentros con la Policía en este país, en ambos trataron de sacarme plata, solo en uno de ellos lo lograron. Yo estaba seguro de que si la Policía me veía encima del tren me iban a hacer bajar. No intenté asomarme para mirar lo que había fuera, solo escuchaba voces hablando fuertemente en árabe y sentía la luz de sus linternas, como queriendo encontrar algo en los vagones, por ejemplo, viajeros ilegales.

Yo me quedé inmóvil debajo de mi cobija dentro del hueco de tierra que me había servido de cama por las últimas horas, respirando bajito y sin mover un dedo. Estoy seguro de que los oficiales revisaron por encima de uno que otro vagón, pero no podrían revisarlos todos, ya que eso tomaría muchas horas por su tamaño. Estos señores pasaron por mi vagón en repetidas ocasiones, lo supe por el efecto *Doppler* de sus voces al pasar. Fueron varios minutos de incertidumbre de no saber qué sería de mí si llegaran a pillarme. Pero unos minutos más tarde, cuando el tren arrancó de nuevo entendí que esa adrenalina y el éxtasis de la aventura me hacían sentir muy vivo, pero sobre todo, saber que esta era la rutina de muchos en Mauritania para ir a visitar a sus familias, o ver a un ser querido, me hacía apreciar los pequeños detalles de la vida que damos por hecho; como por ejemplo, tener un transporte digno para ir a saludar a un amigo, es algo muy básico en la gran mayoría de nuestras ciudades. ¿Cuántas cosas más damos por hecho en nuestra rutina que millones de personas darían lo que fuera por tener y simplemente no nos damos cuenta, pasando por encima de ellas mientras nos quejamos de que la vida es muy injusta porque se nos está descargando el celular?

Llegué a la ciudad de Nuadibú a las 10 de la mañana para cumplir un total de dieciocho horas en el tren; el tren hizo una parada en un sitio donde parecía haber civilización. Yo no estaba muy seguro de si ese era mi destino o no, pero al asomarme hacia fuera hice contacto visual con un señor que estaba allí, como cazando una presa, mirando quién salía de los vagones del tren. Al principio no me dio confianza, estaba bastante insistente. Yo le pregunté: "¿Nuadibú?". Y me dijo que "yes".

Yo no sabía si de verdad había llegado a la ciudad o si debería confiar en este señor, pero no tenía más alternativa, si no me bajaba en el lugar correcto el tren seguiría su camino para descargar el hierro, siendo este un escenario aún más peligroso. Decidí bajarme tirando primero mi maleta en brazos del señor que me esperaba afuera, el cual luego me ayudó a dar los últimos pasos brindándome su mano. El señor metió mi maleta en el baúl del carro; ahí entendí que se trataba de un taxi.

En ese taxi nos fuimos otro de los pasajeros que iba en el tren y yo. Simplemente le di la orden de que me llevara al mejor hotel de la ciudad, una frase que por presupuesto nunca le diría a un taxi en París. Yo necesitaba un par de noches de comodidad después de haber pasado las dieciocho horas más difíciles de mi vida, entre mugre, frío y hierro; pero sin duda alguna una de las aventuras más extremas e inolvidables de mi existencia.

Llegué al que se suponía que era el mejor hotel de Nuadibú, por lo menos tenía una ducha con agua caliente en la que pasé muchas horas durante un par de días sacándome todo el mugre del pelo. En dos días me bañé quince veces y en durante quince veces me seguía saliendo mugre de las orejas, de la nariz y de la cabeza. Hoy en día, después de casi dos años de la aventura, le sigue saliendo hierro a mi maleta, lo sé porque cuando en ocasiones un amigo va a casa a visitarme, le paso un imán a la maleta para ver cómo diminutas partículas de hierro quedan pegadas en él mientras le cuento de una forma bastante resumida la historia que ustedes acaban de leer.

La historia del tren es divertida de recordar pero a su vez también fue traumática, pero no tan traumática como lo que me esperaba a continuación.

Tuve que descansar dos días seguidos en el hotel, comiendo el menú del día de su restaurante y bañándome cada dos horas para ver si, por fin, terminaba de quitarme del pelo la tierra con hierro.

Ya me sentía con energía para dar una vuelta en la ciudad de Nuadibú, para conocerla, al final y al cabo, esta era la segunda ciudad más importante del país.

Nuadibú se puede resumir en un gran desierto donde hay algunas vías que conectan la ciudad entre casitas de no más de dos pisos de altura con sus paredes manchadas de amarillo por la arena del desierto. Esta ciudad existe porque aquí se encuentra el puerto que despacha todo el hierro de las minas del Sáhara específicamente hacia China, su mayor comprador. Yo sentía la necesidad de ir a la playa para conocer la actividad portuaria del lugar.

Debo destacar que la gente de este país es bien amable, a excepción, por supuesto, de esa minoría que siempre está tratando de sacarnos el dinero, en el caso de Mauritania esta minoría tiene nombre propio, la Policía.

Tomé un taxi recomendado por la recepción del hotel. Le dije al taxista que me llevara hacia la playa, en especial, a una playa donde yo sabía que había un cementerio de barcos. Yo no había venido a este país para nadar en sus aguas. Mientras andábamos en sus calles el taxista y yo, un pequeño negocio llamó mi atención, saqué mi cámara y le tomé una foto, pero, para mi mala suerte, un carro de la Policía me vio. De repente prendieron una sirena y comenzaron a perseguirnos, el taxista no entendía muy bien por qué y yo menos. El carro de la Policía nos detuvo y le preguntaron al chófer que yo por qué estaba tomando fotos de la calle, que con permiso de quién yo tomaba una fotografía de un edificio cualquiera, de una calle cualquiera, de una ciudad cualquiera de este país. Lo normal es que una persona no necesita permiso para tomar una foto de un objeto inanimado al aire libre en ningún lugar. En Mauritania tampoco se necesita permiso para eso, pero pronto entendería por qué la Policía nos detuvo.

El policía nos dio la orden de qué lo siguiéramos hasta la estación. El taxista no tuvo otra opción que obedecer, desviándonos así de nuestro camino hacia la playa. Yo no estaba nervioso, porque al fin y al cabo entendí, muy rápido, que, en este país, más que en cualquier otro, todo se soluciona con un billete de alta denominación en moneda americana.

Entramos a la estación ambos carros, el taxista me dijo que esperara ahí, que no me bajara, mientras él salía a investigar qué estaba sucediendo. El policía le dijo que yo no tenía permiso para tomar fotos, pero que, seguro, habría alguna forma en que pudiéramos arreglarlo, ya que yo, en facultad de turista, seguro tenía dólares en mi billetera. Qué amable fue ese policía, al ofrecerme su ayuda para no meterme en problemas solo si yo le pagaba algunas monedas, o por lo menos eso quería que creyera, cuando, en realidad, simplemente estaba abusando de su poder para sacarle plata al que, lo más probable, fuera el único turista de la ciudad en ese momento.

El taxista entró al carro y habló conmigo para contarme lo que estaba sucediendo y me dijo que iba a llamar a un tío que trabajaba para la Policía a ver qué podíamos hacer. Para sorpresa mía el tío del taxista llamó a la estación y dio la orden de que me dejaran ir, así no más y sin más que decir.

Los policías no tuvieron otra opción que soltarnos y dejarnos libres. Una sola llamada telefónica bastó para dañarles su Nochebuena. Es increíble como en algunos países se vive la corrupción descaradamente por parte de las autoridades. Sería lindo que, por lo menos, disimularan un poco, que por lo menos conservaran un fragmento de la dignidad, ya que para la Policía de Mauritania tiene un precio y no es muy alto.

Salimos el taxista y yo de la estación de Policía con mi billetera intacta, por fin, rumbo hacia la playa.

El acceso a la playa es por medio de grandes fábricas; un ambiente bastante industrializado que me abrió el camino hacia lo que sería una playa poco convencional. El taxista se estacionó antes de entrar en un pasadizo de arena. Me dijo que hasta ahí podía llegar él y que si quería llegar a la playa siguiera ese camino y me cobró.

Me bajé del taxi y comencé a caminar entre tres grandes muros de concreto y un piso rígido de arena y roca. Muy rápido me di cuenta de que en el piso había muchos esqueletos de pescado, algo que no había visto nunca en ninguna otra playa o por lo menos no en tanta cantidad. La primera cosa que me impactó antes de entrar a la playa fue una gran montaña de cabezas de pescado que encontré en el camino, en esa montaña había por lo menos las cabezas de unos tres mil pescados en un gran tumulto putrefacto en descomposición. Esa fue la señal de que algo andaba mal en este lugar: se respiraba la muerte.

Unos pasos más adelante, lo que esperaba ver, se destapo ante mis ojos: a la izquierda, un ambiente gris repleto de grandes fábricas hasta el infinito botando humo negro hacia el cielo; a la derecha, una enorme tubería derramando un líquido misterioso que desembocaba directamente al mar; enfrente de mí, uno de los cementerios de barcos más grandes del planeta.

En esta playa dejan tirados los grandes barcos cuando han cumplido su ciclo de vida, desde grandes cruceros y buques petroleros hasta los barcos pesqueros de Turquía y China. Es un cementerio náutico que comprende más de 250 tipos de barcos de todos los tamaños oxidándose a orillas de la costa de Mauritania. Es un paisaje que nos muestra la imagen de cómo sería el mundo si nosotros hubiéramos dejado de existir hace miles de años.

La razón por la cual estos barcos están en la costa Mauritania es muy sencilla: la corrupción, esa palabra que ocasiona gran parte de los problemas de nuestra sociedad actual. Lo normal es que cuando un barco cumple con su ciclo de vida tiene que ser desmantelado de una forma organizada y responsable con el medio ambiente. Las normativas internacionales prohíben dejarlos tirados en el agua, pero en Mauritania todo es posible si se cuenta con un poco de dinero en los bolsillos indicados, una lección que quedaría suficientemente clara, más adelante, cuando estaba apunto de descubrir el gran secreto de este tóxico lugar.

Los dueños de los grandes buques le dan un dinero a las autoridades responsables de las costas de Mauritania para que les dejen tirar ahí sus barcos pudriéndose por toda la eternidad, un negocio muy rentable para las organizaciones dueñas de semejantes buques porque comprar el Gobierno sale mucho más barato que desmantelar un barco que ya no está en uso. Por otro lado, llenarse los bolsillos de dinero para algunos, como siempre suele suceder, es mucho más importante que cualquier daño ambiental que esto pueda ocasionar. El óxido, el aceite, el desgaste del metal, la pintura, y otros elementos, son un ataque contundente para los pocos ecosistemas que aún logran habitar, casi como un milagro, en las playas de este lugar.

Después de pasar unos minutos contemplando el cementerio de barcos decidí caminar sobre la playa hacia la derecha. La arena en este sitio se siente diferente al andar, más blandita de lo normal, como si debajo de ella hubiera líquido. Mi objetivo era llegar hasta la gran tubería para entenderla, pero entre más me acercaba a ella más intenso se volvía el olor a pescado podrido. Por esto se me hizo muy difícil acercarme a la tubería. Respirar era imposible. Empecé a inhalar por la boca y logré llegar a mi objetivo. Estaba parado justo en frente de un gran tubo que salía por debajo de la arena, apuntando, de manera directa, hacia el mar. En el momento justo que llegué al tubo, no había tanta agua saliendo de él, pero pasados unos minutos, algo en la fábrica se activó y comenzaron a brotar galones y galones de un líquido verde, lleno de espuma, que salía a gran velocidad directo a las aguas del mar. El líquido tenía un olor terrible que casi me hace vomitar.

Yo nunca había visto algo así en mi vida, tanto líquido tóxico y podrido saliendo en grandes cantidades directo al mar Atlántico, así no más, sin pena ni remordimiento. Decidí devolverme para caminar ahora hacia el lado izquierdo en donde me esperaba lo peor.

Cuando di la vuelta y empecé a caminar hacia el otro lado, el escenario era impactante. Hacia el infinito se podían apreciar cientos de fábricas que echaban humo negro en grandes cantidades hacia un cielo que, por su color, parecía haber perdido la batalla; un cielo gris y resignado, tal vez también frustrado ante la impotencia de no poder cambiar las cosas. Las fábricas no solo lanzan sus desperdicios al cielo, sino también al mar como yo lo había experimentado minutos antes y, en la orilla, una serie de minipuertos empíricos desde los cuales se movía toda la actividad de aquel lugar.

Mi curiosidad era tan grande que me hacía soportar el espeluznante olor que se volvía cada vez más intenso y crónico: olor a pescado podrido, olor a muerte. Avancé lo que más pude hasta que me topé, de frente, con una gran puerta metálica que significaba que de ese punto no podía pasar. Ahí recordé una frase que yo uso a menudo en mi vida para este tipo de ocasiones: «Es mejor pedir perdón que pedir permiso» y entré.

Con cada paso que daba el olor era más intenso, tanto así que hoy lo recuerdo y aún me dan ganas de vomitar, me quedó una cicatriz en la mente. Lo primero que vi al atravesar el portón fue una gran bodega con las puertas abiertas y un operario barriendo sangre del piso, con una escoba de madera, con la que arrastraba las tripas, la sangre y los pedacitos de pescado hacia la arena del mar.

En esta costa de Mauritania se encuentran más de 100 plantas de harina de pescado, un producto que ha sido prohibido en la gran mayoría de países del mundo por su impacto ecológico y toxicidad. La harina de pescado es el producto final que viene de la mezcla de muchos pescaditos que se recogen con grandes buques en el medio del mar. El proceso es muy sencillo de entender: los grandes barcos pesqueros de la China atrapan, con sus gigantes redes, todo lo que se mueva por debajo del mar y van hasta las costas de Mauritania para descargar sus gigantes bóvedas en alguna planta que triture, sin discriminar, toda la vida marítima que se encuentre en el cargamento para, luego, pasarlo por un proceso industrial que da como resultado final la famosa harina de pescado. Esta harina es un producto que se utiliza sobre todo en la industria de las carnes, es decir, para alimentar vacas y marranos.

Podemos concluir, con este ejemplo, que la gran parte de la vida del mar la estamos destinando para alimentar otros animales que también nos comemos. La harina de pescado es uno de los procesos más tóxicos sobre la Tierra que alimenta otro de los procesos dañinos, que es la producción de carnes. Todo esto se hace de frente y sin esconderse de nadie, porque cuando hay tanto dinero de por medio se puede meter en los bolsillos indicados para que nadie diga nada, nadie vea nada, y así, unos pocos, puedan enriquecerse descaradamente a costa de acabar con el único lugar que podemos llamar hogar. Al final, pareciera que lo único importante es que los dueños y culpables de esta tragedia sigan comiendo caviar en sus lujosas mansiones. Yo espero que no se atraganten.

Así es como Mauritania me dio una de las lecciones más importantes que jamás olvidaré en mi vida: me hizo conocer, de frente, la verdadera cara de la corrupción, la fase real y descarada del poder. Pero, a la vez, también me hizo sentir asombro por nuestro planeta, que aún nos deja respirar su aire sin importar lo mal que lo tratemos. Esta es una gran lección de humildad, ya que ningún humano sería capaz de replicar el ejemplo de la Tierra al seguir besando la mano de quien te golpea.

¿Y ahora qué? Ya sabiendo esto, ¿qué vamos a hacer? ¿Vamos a dejar que el planeta se siga yendo por el inodoro con toda la podredumbre y porquerías que producimos los humanos? ¿O será simplemente un camino sin retorno que llevará a nuestra inevitable autodestrucción? ¿Moriremos por destruir el medio ambiente o será una Tercera Guerra Mundial lo que acabará con nosotros? ¿Por cuál de los trescientos mil problemas que tiene el planeta debemos preocuparnos más? Yo tampoco lo sé, pero aquí ando, mostrando estos temas al público para que no permanezcan en la oscuridad mientras pienso en cuál sería la cura definitiva para aniquilar por completo el problema de la corrupción, un cáncer que no solo tiene jodido a Mauritania, sino a la gran mayoría de nuestros países en América Latina, una respuesta bastante esquiva. Por ahora usted, querido lector, piénselo y cuando tenga la respuesta, por favor nos la comunica.

COLOMBIA

Capítulo 9
Pescador de ilusiones

Nueva Venecia, Colombia, 2021

Llega un momento en la vida tal vez de muchos colombianos, o de algunos extranjeros, en el que toca conocer Ciudad Perdida en la Sierra Nevada de Santa Marta, una expedición de cuatro días, subiendo la montaña entre la selva y su abundante lluvia. Yo estaba tan emocionado por vivir esta experiencia que decidí comprarme unos zapatos nuevos para la ocasión. Ese fue mi primer gran error, porque, desde el primer día, mis pies se llenaron de ampollas. A pesar del dolor que sentía al caminar, al llegar, por fin, a Ciudad Perdida, todo el esfuerzo físico y mental habría valido la pena.

El camino hacia Ciudad Perdida es una pintura maravillosa, en compañía del río Buritaca y sus grandes rocas en todo momento, yo me sentía diminuto. También pasamos por algunos cimientos de los Tayrona, una comunidad indígena que aún conserva bien guardados los secretos de la montaña. Atravesamos algunos terrenos que, durante los tiempos más oscuros de Colombia, sirvieron como grandes cultivos de hoja de coca. Cuenta la leyenda que las grandes organizaciones a cargo del narcotráfico en Colombia tenían en la Sierra Nevada de Santa Marta varios de sus cultivos, lo sé por la voz del amable guía que me llevó durante cuatro días hasta Ciudad Perdida, un campesino de la zona, quien, antes de dedicarse al turismo, sembraba coca.

En la época de la fiebre de la coca, los campesinos no tenían otra alternativa: llegaban los grupos armados y por las buenas o por las malas los obligan a trabajar para ellos. Uno tiende a pensar que el narcotráfico es extremadamente rentable y sí lo es, pero solo para unos pocos, para los dueños de la empresa, como en todo negocio. A los campesinos se les pagaba una tarifa miserable por recolectar bultos y bultos de hoja de coca, a cambio de unas monedas y de tener el privilegio de seguir con vida.

Durante la guerra contra el narcotráfico en esa región de Colombia, los alrededores de la Sierra Nevada de Santa Marta quedaron bastante afectados y los campesinos que antes sembraban coca ahora estaban desempleados. Fue solo años más tarde, gracias al trabajo en conjunto del Gobierno y algunas organizaciones, que se les dio educación turística a estos mismos campesinos, con el fin de explotar una de las regiones del país que hoy es de las más turísticas de Colombia.

En nuestro recorrido para llegar a la Sierra Nevada, tuvimos la oportunidad de entablar diversas conversaciones con mi guía. Él me admitió, con genuina seguridad, que el negocio del turismo era mucho más rentable para él, comparándolo con los tiempos de la siembra de coca, y no solo eso, el turismo también había traído paz en la región. Ahora todas las familias de campesinos trabajan en algo relacionado a la visita de turistas extranjeros para conocer esta joya perdida de los Tayrona, generando una moderna economía autosuficiente de paz, armonía y tranquilidad.

En la época de la coca, desde la Sierra Nevada se bajaba la mercancía para conectarla con el río Magdalena, a través de la Ciénaga Grande de Santa Marta. Una ciénaga se conoce también como un gran humedal, de superficie plana, que se inunda permanentemente por su cercanía con una fuente natural de agua, en este caso el mar Caribe. A la Ciénaga Grande de Santa Marta no se le dice 'grande' por cualquier cosa: es una extensión de agua que supera los 4.000 km^2 y en ella habitan algunos de los pueblos acuáticos de Colombia.

Uno de los pueblos más populares de la Ciénaga se llama Nueva Venecia, al cual se llega después de navegar sus aguas por casi dos horas desde tierra firme. Nueva Venecia es un pueblo de palafitos, que alberga aproximadamente 3.000 personas. Este pueblo existe gracias a la abundancia de pescado que había en ese punto exacto de la Ciénaga y su facilidad para atraparlo. Hasta aquí llegaban los pescadores en sus balsas de madera, pero el trayecto de ida y vuelta desde el punto de partida era demasiado largo, así que un pescador decidió, un día, montar un refugio con palos que sobresalían del agua, este refugio se convirtió con el tiempo en su casa. Muchos colegas pescadores siguieron su ejemplo, construyendo de esta forma las primeras superficies de lo que sería hoy el pueblo de Nueva Venecia.

Hay personas que nacen en este pueblo, crecen, se reproducen y mueren también allí sin haber salido jamás en sus vidas al exterior de la Ciénaga, como peces en el agua. Una de las condiciones de vivir en una Ciénaga, o en un pueblo acuático, es que la gente no puede caminar, porque no hay por dónde. El único lugar en el que pueden estar de pie es dentro de sus casas. Todo lo demás está rodeado por agua, haciendo menos necesario el uso de sus piernas, pero indispensable el uso de una canoa. No tener canoa es como no tener piernas en Nueva Venecia.

Navegando por sus aguas, conocí la escuela del pueblo, la tienda y un restaurante. Tuve la oportunidad de hablar con una señora, quien me contó la historia de la masacre por parte de grupos armados ilegales que vivieron las familias de aquel lugar.

El pueblo se encontraba, infortunadamente, en una posición estratégica para el comercio y transporte de la coca. Hasta allí llegaban diversos grupos narcotraficantes para asegurarse de que nadie trabajara con la competencia, pero después también llegaba la competencia a encenderlos a bala para dejarles claro un mensaje. Estas familias de pescadores, sin quererlo, terminaron metidas en el medio de un conflicto que no era de ellas, recibiendo disparos y poniendo los muertos.

La señora de la tienda me contó, también, con los ojos llenos de lágrimas, sobre sus hijos asesinados y los otros miembros de su familia que tuvieron que escapar del pueblo para salvar sus vidas. Ellos solo querían pescar con tranquilidad.

La era de la paz, en términos de narcotráfico, volvió al pueblo después de que el Gobierno recuperara la zona. Seguí dando una vuelta por Nueva Venecia cuando pasé por enfrente de una casa destrozada por completo y me detuve para investigar. Se trataba de la casa más pobre del pueblo, la familia de un pescador, quien perdió su canoa y el cual vivía con sus hijos y su mujer en un espacio de no más de 15 m^2, una casa de tamaño bastante reducido para acoger a once personas. La casa era muy básica; su piso tenía las tablas de madera podridas, en ocasiones ni siquiera tenía tablas, por lo que, si se daba un mal paso, el pie seguía derecho al agua. Ellos no tenían baño, sus necesidades las hacían asomándose por la puerta, y solo contaban con un viejo, podrido y muy delgado colchón, que se turnaban para pasar la noche unos encima de otros. Es la casa más pobre que he visto hasta el día de hoy.

La razón de la pobreza de esta familia era muy simple: el señor cabeza del hogar no tenía una canoa para pescar, su canoa anterior se había podrido y estaba hundida enfrente de la casa. Sus hijos nadaban como focas marinas alrededor del hogar para divertirse, en las mismas aguas donde botamos la basura, los desperdicios y donde ellos mismos hacían sus necesidades.

Decidí, entonces, usar las redes sociales para hacer una colecta y así recoger los fondos con los cuales podría regalarle una

canoa al señor. La historia que me había conmovido tanto también movió el corazón de miles de personas que se unieron a la causa. No solo logramos regalarle una canoa nueva con motor al pescador, también logramos construir una casa mucho más grande para su familia, con puertas, ventanas, buen piso y techo. Ahora esta familia no se iba a mojar de noche si llegaba a llover y ya no era la casa más pobre del lugar.

El resto de los fondos los invertimos en reconstruir el puente que comunica la escuela con el salón comunal del pueblo, ya que también estaba en proceso de descomposición.

El pescador de Nueva Venecia ya no solo vive de la pesca, sino que gracias a la historia ganó bastante popularidad y reconocimiento entre las personas que quieren ir a visitar su pueblo. Muchas de estas personas también quieren hacer el *tour* de Nueva Venecia en la misma canoa que ellos ayudaron a pagar. De la noche a la mañana, el pescador también es un agente turístico de la zona y Nueva Venecia se posicionó con más fuerza entre la lista de destinos turísticos más importantes del país.

Estas son el tipo de situaciones que pueden ayudarnos a mejorar nuestra calidad de vida, pensando por fuera de la caja y silenciando, al mismo tiempo, esa voz externa que nos recuerda cada tanto lo difícil que es emprender o conquistar un sueño en nuestras vidas.

La historia se repitió años más tarde en la ciudad de Cuzco, Perú. Cuzco es un paso casi que obligatorio hacia Machu Picchu, una ciudad súper turística, donde van los visitantes para conocer su plaza, su mercado y su historia. Cuzco también está rodeada de montañas repletas de casitas donde los turistas nunca llegan. Las calles de esta histórica ciudad están rodeadas de muchos personajes que ofrecen *tours* organizados a los diversos atractivos turísticos de la zona; entre ellos pude observar a la distancia uno que llamó mi atención por estar solo en la puerta de una iglesia, me acerqué a hablarle. Luego de una corta conversación mi nuevo amigo de origen quechua me confesó que él y su familia vivían en las cima de una de las montañas. Yo le dije que quería contratarlo para hacer un *tour,* pero que no me interesaba el convencional, yo no quería el *tour* de siempre. Me interesaba conocer su casa, su familia y sus costumbres. Al principio este personaje me miró con desconfianza, ya que esta no es una petición que se reciba todos los días, pero de todas formas accedió a complacer mi demanda.

Nos fuimos juntos a hacer mercado para que su hermana nos cocinara un plato típico, y luego, agarramos el autobús, que se dirigía a la montaña, donde el único turista era yo. En el autobús el joven me confesó que esta era la primera vez que salía a buscar turistas. En realidad, él trabajaba cuidando un parqueadero, pero su primo sí era guía turístico y a él le iba mejor.

Llegamos a su humilde casa, en lo más alto de una de las montañas de Cuzco. Allí conocí a su familia compuesta por varios miembros que no hablaban español. En esta región de Perú el quechua es el idioma que predomina. Cocinamos un delicioso almuerzo de arroz con papa y carne salteada en un guiso espectacular. Pasé la tarde con ellos y me acogieron muy bien en sus brazos. Tal vez yo era uno de los únicos turistas que se había atrevido a conocer al guía y no solo sus servicios.

Después de pasar la tarde juntos, le propuse a mi joven guía que se dedicara a hacer este tipo de recorridos, ya que como yo existen muchos otros curiosos en el mundo que quieren conocer la cara real de los lugares que visitan. Él me hizo caso y al mismo tiempo promocionamos su servicio en un video que quedó publicado en mi canal de YouTube que ha sido visto por alrededor de un millón de personas. Ahora nuestro amigo se dedica a ser guía turístico de la cara real en el camino hacia Machu Picchu que pocos conocen. Dejó su trabajo en el parqueadero, es independiente y maneja su propio tiempo y negocio como más le conviene.

Muy seguido me manda mensajes invitándome de nuevo a su casa a pasar un rato con su familia. Seguro que en mi próxima visita a Perú, haré esta parada que es obligatoria para mí.

Estas son tres historias, de tres personajes, quienes lograron reinventarse para ser partícipes de un negocio extremadamente lucrativo como lo es el turismo, pero de una forma genuina y creativa, más humana e inmersiva. Ellos se arriesgaron a romper todos los parámetros ya establecidos por una industria muy bien organizada. Hoy en día esos tres personajes son emprendedores de su propio negocio.

Por eso es que nuestras ideas alternativas de hacer las cosas diferentes pueden hacer que muchos allá afuera nos llamen locos al escucharlas. Tal vez en ocasiones nos llamen inadaptados, solo por pensar distinto. Lo curioso es que estas mismas personas, al ver nuestro éxito nos dirán: «Yo siempre creí en ti». Por eso lo más importante es que creamos en nosotros mismos, no tenemos nada que demostrarle a nadie, solo debemos ser fieles y coherentes a las demandas de nuestro propio corazón.

TECNOLOGÍA

(Japón: los efectos de la digitalización, redes sociales y revolución)

Capítulo 10

Karoshi

Tokio, Japón, 2023

El *bushido* es el código de ética y conducta de los samurái creado durante la era del feudalismo japonés para garantizar la protección de los terratenientes por medio de la inquebrantable lealtad de sus guerreros.

En la época de los samuráis, en Japón, había muchas guerras civiles entre grandes propietarios de tierra, con tal de abarcar más y más terreno previsto para la agricultura, en su gran mayoría. De ahí viene la importancia de los samuráis porque, sin ellos, el pueblo de Japón no hubiera podido alimentarse durante varios años, sin el samurái no existiría la religión, ya que ellos también protegían los templos a cambio de hospedaje y guía espiritual en su camino hacia lo eterno. Los samurái pasaron mucho tiempo en los templos con los monjes, por eso, más que guerreros, también eran figuras divinas.

El honor de un samurái se paga con la vida, por eso mismo cuando un samurái defrauda a su superior, este prefiere quitarse asimismo la vida enterrándose su larga y afilada *katana* (espada japonesa), atravesando sus propios órganos vitales para morir en una acción llamada el Harakiri. Cuando un samurái se quita la vida recupera el honor, porque prefiere estar muerto antes que perderlo.

En la actualidad, el espíritu del samurái sigue vivo en la idiosincrasia del pueblo japonés, porque para ellos el cumplimiento en su trabajo, el respeto, la puntualidad y la efectividad son principios vitales que el japonés debe honrar. Por eso es que el gran pueblo de Japón es una sola maquinaria, la voluntad individual generando fuerza colectiva.

Tras la derrota de Japón durante la Segunda Guerra Mundial, el país dejó el ego de lado y entendió muy rápido las reglas del juego, el juego de la industrialización y el capitalismo. Japón se dio cuenta, en un momento bastante oportuno, que la nueva guerra no eran las armas sino el dinero. Japón se adaptó al nuevo orden mundial y así como los samurái, sin tiempo para mirar atrás, decidió honrar su nombre para sentarse en la mesa de los ocho más grandes.

Por las cicatrices que dejó la historia de su país, para los japoneses es muy importante el respeto por su trabajo y, en un país tan industrializado como Japón, la competitividad a nivel mundial hace que trabajar y ser bueno en lo que se hace sea fundamental. Tanto así, que el trabajo llega a ser, en ocasiones, más importante que la vida misma.

Muchos de nosotros vemos a Japón como un modelo a seguir, un país seguro, desarrollado y respetuoso. Lo que no muchos saben es el precio que tienen que pagar los japoneses para llevarse este reconocimiento. Tener un país de la talla y la calidad de Japón tiene su costo. Los sólidos cimientos de esta imponente isla del Pacífico los han construido los mismos japoneses con su cuero, sudor y lágrimas, como hormigas, con una visión colectiva del futuro.

Vivir en Japón es un deleite para el turista, pero un reto bastante personal para el local. En Japón se vive bajo un sistema netamente capitalista, donde todo gira en torno al costoso precio de vivir en él. Su capital, la ciudad de Tokio, cuenta con alrededor de cuarenta millones de habitantes, es una selva de asfalto y de rascacielos hacia la lejanía más profunda que el ojo humano es capaz de percibir. Una ciudad donde cada centímetro está bien planificado, cada espacio tiene un propósito, cada esquina cumple una función. Todo en Japón está delineado y organizado, como la maqueta ganadora de un concurso de arquitectura. Así como sus ciudades, también está marcada su gente, ya que cada ciudadano del país cumple un rol y una función que debe nutrir el objetivo global del pueblo japonés.

Vivir en Japón puede ser muy caro, Tokio cuenta con una de las rentas más caras del mundo. Allí la gente tiene que trabajar varias horas al día para lograr pagar un mini apartamento de algunos metros cuadrados al que rara vez se puede ir a dormir porque la mayor parte de su vida se pasará en la oficina. En Japón se puede apreciar de frente y sin maquillaje la síntesis de lo que significa, en realidad, la carrera de las ratas. Visitar la estación central de Tokio en la hora pico de la mañana permite presenciar el desfile de oficinistas que marchan como soldados en una sola dirección, como una gran ola de humanos sin expresión facial, vestidos de traje negro, camisa blanca y corbata negra, un uniforme que logra confundir ya que uno no sabe si van para la oficina o para un funeral. Nadie hace ruido y todos caminan al mismo ritmo para no chocar, solo se escuchan los pasos pegar contra el piso. Solo les falta el rifle y un casco. En Japón se tiene que trabajar muy duro para poder sobrevivir, así como en la gran mayoría de países, pero con algunas diferencias.

La oferta de entretenimiento en Japón es bastante amplia. El japonés necesita desconectar la mente así sea por unos minutos al día. En este país se han inventado muchas formas bastante peculiares para entretener al japonés, por ejemplo, las casas de juego llamadas los *pachinko* o los bares de compañía, donde la gente paga solo para poder hablar con otra persona. El ritmo de vida de los japoneses es tan individualista, tan desarrollado y tan sistemático, que ellos mismos ya parecen robots: no se abrazan entre ellos, no se dan la mano y mucho menos se saludan de beso. Tener una interacción humana en Japón es un privilegio que solo se pueden dar los bastante afortunados o los que tienen unas monedas para entrar a un bar de compañía. Por eso no es coincidencia que el japonés sea propenso a las adicciones, siendo de las principales el alcohol y el cigarrillo. Analizando el pueblo japonés me di cuenta de que ellos piden a gritos una salida de su rutinaria y robótica existencia, solo que aún no lo saben, porque cumplir en el trabajo es más importante que la vida.

Las distancias en la gran ciudad de Tokio son tan largas que una persona se puede demorar cinco o seis horas en transporte público cada día para poder llegar a la oficina. Esta es una potente razón por la cual existen también los famosos cibercafé, lugares donde se puede alquilar un computador con internet, sea público o privado, en una pequeña habitación donde uno puede encerrarse, sentarse en una colchoneta, pasar ahí un par de horas o inclusive la noche entera. Este servicio lo usan muchos tipos de personas: están los jóvenes adolescentes que quieren tener un momento de privacidad barato, la persona que ya no tiene dinero para pagar una renta y le toca sobrevivir del día a día, o el oficinista que trabaja tantas horas al día que prefiere pasar la noche en el cibercafé al lado del trabajo antes de llegar a la casa a la una de la mañana para volver a salir de ella a las cinco de la mañana. En este caso es mucho mejor dormir al lado de la oficina en una colchoneta para volver a trabajar al día siguiente. Esta es una realidad que impacta a millones de japoneses.

En este país existe este fenómeno en el que la gente muera por sobredosis de trabajo: una persona que lleva trabajando horas y horas, día tras día, semana tras semana, con mala alimentación, malos hábitos de sueño, sin tiempo para hacer ejercicio, no es sorpresa que, de repente, ese individuo muera de un infarto fulminante, sentado encima de su escritorio. Eso es '*karoshi*', la palabra japonesa para este tipo de muertes.

En Japón aprendieron a trabajar duro para un empleador, pero no para ellos mismos.

Hoy la sociedad japonesa ha cambiado mucho y hay miles de personas que hacen lo posible por no pertenecer al sistema que les han impuesto: el sistema de pasar sus vidas trabajando. El único problema, es que el costo de vida es tan alto que si no se trabaja no se pueden suplir las necesidades básicas, como en muchos de nuestros países, pero, una vez más, con algunas diferencias.

A nivel mundial, en unas ciudades más que en otras, existen problemas de indigencia, aunque no siempre por las mismas razones. En Norteamérica, por ejemplo, estamos enfrentando una crisis de habitantes de la calle, por culpa de una nueva droga llamada Fentanilo, también conocida como la droga zombi, que es llamada así por el efecto que causa en quien la consume. Esta droga es tan económica, y a su vez tan poderosa, que se ha vuelto muy popular en las calles de Estados Unidos y Canadá. Las imágenes que muestran los efectos de la droga son aterradoras, pero yo dejaré que ustedes las busquen en internet. En muchos otros países, también se le atribuye a la droga el hecho de vivir en la calle, aunque esta no sea la única razón. Para terminar en la calle tan solo se necesita estar vivo y pasar por alguna serie de acontecimientos que nos cambian la vida por completo, por ejemplo, el fallecimiento de un ser querido o un mal divorcio que nos dejen en la ruina, no solo financiera, sino emocionalmente. Otro factor responsable de la indigencia son las enfermedades mentales, recuerden que la depresión puede ser una de ellas.

En Japón existen varios casos similares de indigencia como en Occidente, pero se le atribuyen un par de elementos más: están los indigentes por elección propia, ya que prefieren vivir en la calle antes que seguir persiguiéndose la cola como un perrito dando vueltas en el sistema económico y laboral del país. A estos personajes la sociedad los califica como *inadaptados sociales,* por no jugar con las reglas de la gran mayoría. Sin embargo, hay otras miles de personas que, al no jugar bajo la misma reglas, a veces, les va bastante bien. En unos casos será cuestión de suerte o de estar en el momento y el lugar correctos. La fórmula es imprecisa.

Estos ciudadanos de Japón deciden vivir en la calle, recibiendo alguna ayuda, algún beneficio, donaciones de alimento y de ropa. No fueron capaces de continuar y yo no los culpo, los compadezco y los entiendo mucho porque no es fácil pasar la vida entera haciendo algo que no nos gusta, sin propósito, sin sentido.

Los Toyoko kids

Otro ejemplo de indecencia alternativa japonesa son los *Toyoko kids*, muy famosos en este país. Un grupo de niños que han decidido vivir, de manera colectiva, en la calle, en grupos y como gatos callejeros. Lo único que estos chicos necesitan es un celular con internet para publicar sus videos bailando y cantando en las diferentes plataformas. De esta forma, han ganado fama, reconocimiento, pero también se han expuesto a múltiples peligros. Los otros niños que no viven en la calle, de repente se tropiezan con el contenido realizado por los *Toyoko kids* y les parece *cool*, ya que estos chicos viven en constante rebeldía, sin un mayor que les diga qué hacer.

El problema de las redes sociales en este caso es que venden a los chicos una falsa ilusión de libertad, cuando en realidad vivir en la calle también tiene un precio a pagar.

Cientos de jóvenes en Japón han decidido dejar sus hogares para encontrarse en las grandes ciudades y vivir sobre la acera de algún lugar, con sus amigos. Allí pueden dedicarse a la bebida y a la fiesta de lunes a lunes, las veinticuatro horas. Muchos de ellos han dejado la escuela y sobreviven de algunos negocios callejeros, como el microtráfico de drogas, las estafas a los turistas e inclusive la prostitución. Es ahí cuando ser parte del grupo de los *Toyoko kids* ya no es tan *cool* como se ve en redes.

Sin embargo, los *Toyoko kids* siguen siendo una alternativa bastante atractiva para los jóvenes en Japón, quienes están dispuestos a dejar la comodidad de sus hogares para vivir en la calle con tal de avivar el sentido de pertenecer a algo, con tal de tener amigos, de ser aceptados.

Japón no da muchas alternativas para quien no logra encajar en su sistema socioeconómico. Sin embargo, las calles de Japón sí ofrecen una amplia variedad de actividades para ganarse la vida por fuera de una oficina.

El negocio de la prostitución en el país del sol naciente está prohibido, pero hecha la ley, hecha la trampa, inclusive para un japonés. Es de conocimiento común que todos aquellos que trabajan en algo relativo al cuerpo humano, que roce un poco la línea de legalidad al vender el cuerpo genera muchos ingresos. Los bares de compañía, el servicio de enjabonarse sin ropa con alguien en un baño, los café de placer oral, en los cuales usted puede escoger una o varias chicas para que le den un 'final feliz' todas al mismo tiempo, entre otros servicios, terminan siendo la salida a la preocupante incógnita de: ¿cómo pagar la renta de este mes?, o ¿cómo lograré por fin comprarme una casa? Cosas que hace unos años se podían hacer con un trabajo normal y estable, pero que hoy parece ser un lujo que solo los ricos pueden darse.

Sí es verdad que el exceso de trabajo y la falta de oportunidades son un problema que afecta a la gran mayoría de países. Sin embargo, son las pequeñas diferencias las que nos hacen soñar con un futuro distinto, dependiendo del país en el que nacemos.

Por ejemplo, si usted nace en Colombia, lo más probable es que crezca sintiendo la necesidad de vivir en un país seguro, con oportunidades laborales, un empleo fijo y bien remunerado. Si nace en Canadá, donde la seguridad y el empleo fijo bien remunerado se dan por hecho, seguro usted crecerá sintiendo la necesidad de vivir en un lugar donde haya sol los 365 días del año. Desde que los canadienses tengan buen clima son felices y no les importa tener una vida sin lujos y mucho menos tener el carro del año. Ahora, si usted nace en Japón, es muy probable que usted sea feliz en un país donde un mango cueste un dólar y no 50. El mango en Japón, entre otras frutas, se considera un plato exótico solo para ocasiones especiales por su exagerado precio.

Es difícil hacer una crítica social de un país que admiro tanto como Japón, un lugar del mundo único en su historia, cultura, gastronomía y arquitectura. He tenido la oportunidad de visitarlo dos veces y volvería a hacerlo, me encanta. Pero la idea es no comer entero, para no autolatigarnos, para ser objetivos y no idealizar la gente ni los lugares. Todos los seres humanos del planeta vivimos distintos retos, ninguno más fácil que el otro, un reto es un reto.

Ahora solo quiero que piensen: ¿cuáles son esas cosas que ustedes tienen en su país y que dan por ellas sabiendo que, en otros países, darían la vida por tenerlas? Una vez encuentren la respuesta tómense un momento para agradecer, ya que por estar mirando al jardín del vecino muchas veces olvidamos que, de hecho, el nuestro puede ser más verde.

SISTEMA ECONÓMICO

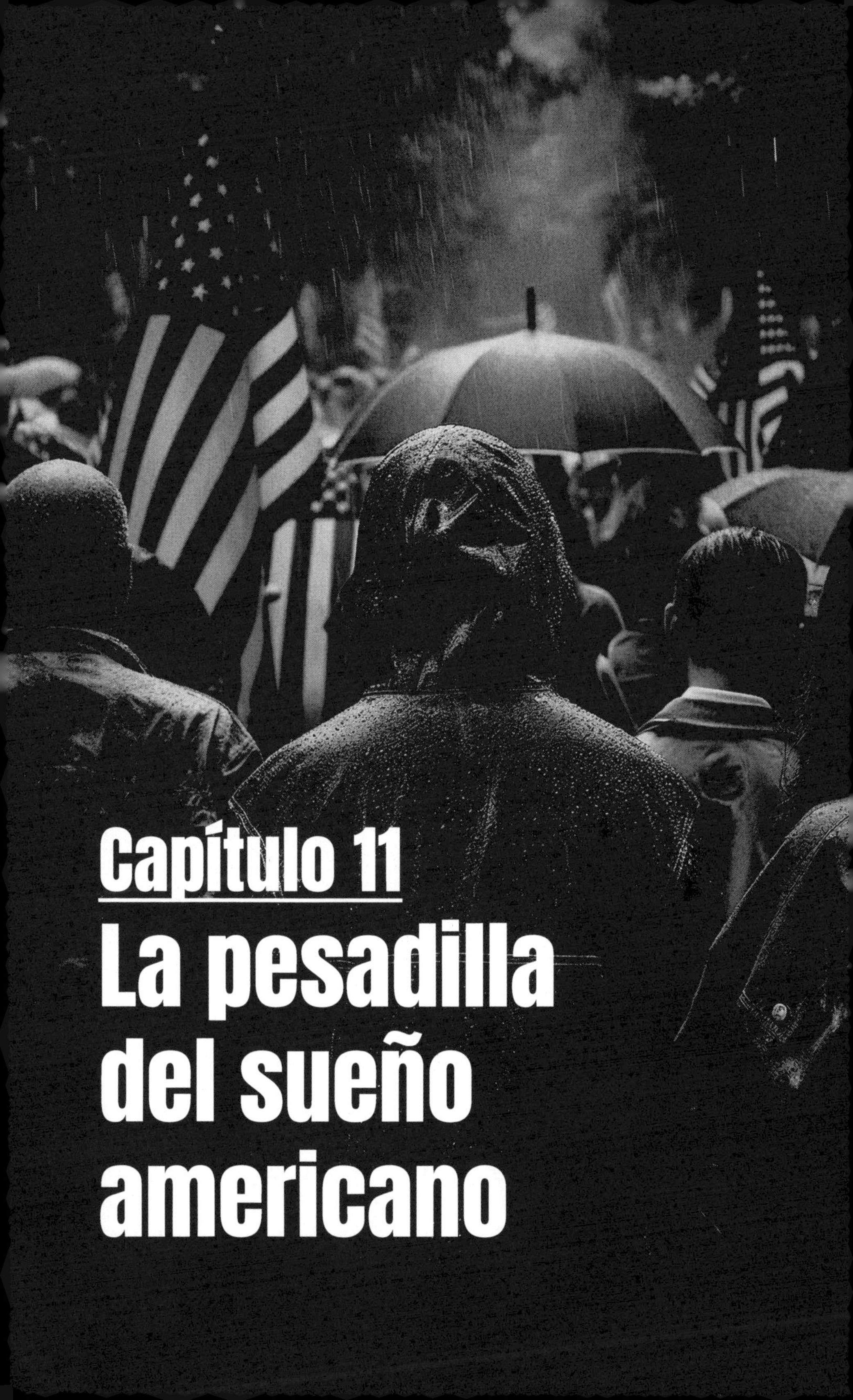

Capítulo 11

La pesadilla del sueño americano

Canadá, Estados Unidos, septiembre 2009

Los gringos son unos genios del mercadeo, ellos son los únicos capaces de hacer que la gente haga fila por días para gastar su dinero comprando un emocionante producto. Se han visto personas acampando delante de las tiendas de Apple para ser los primeros en tener el nuevo iPhone; también se han visto batallas medievales en los campos de la guerra comercial durante el famoso *Black Friday* en todas las cadenas importantes del país. La cultura de andar comprando en ese país está tan presente en la sociedad que, inclusive, su evento deportivo más importante el *Super Bowl,* más allá de ser una celebración del fútbol americano, es un espectáculo televisivo para que las grandes marcas saquen lo mejor de sí en comerciales para el espacio publicitario más costoso del planeta Tierra.

La genialidad de los norteamericanos para transmitir emociones por medio de la comunicación no solo se aplica al sistema económico, los grandes almacenes y el consumismo, sino también a su marca país. Los países de Occidente, y sobre todo los que compartimos este mismo continente llamado América, somos bombardeados con mucha frecuencia con la idea de que los gringos la tienen clara y en muchos aspectos así lo es, pero no en todo.

Hemos visto películas gringas donde la vida es perfecta: la familia feliz con tres hijos, el perro, que en la gran mayoría ocasiones es un *golden retriever* o un labrador, la casa grande con un gigante patio, a veces con piscina o una casa en el árbol. Esa es la idea del sueño americano.

El problema es que muchos de nosotros, a lo largo de la vida, hemos sido expuestos a alguna especie de propaganda o mensajes que los gobiernos y los bancos nos quieren comunicar, y lo hacen de manera sutil, de una forma casi imperceptible e inconsciente, a través del cine, la música, las celebraciones festivas, sus celebridades, entre otros. Y una muestra del resultado, es que no solo los gringos anhelan el sueño americano, sino que este se ha convertido en una especie de pandemia que ha logrado llegar a todos los rincones del planeta.

Pero en sí, ¿qué es el sueño americano? La respuesta varía dependiendo de a quién se le pregunte. Para definirlo, de forma general, podríamos volver a esa fotografía mental de la familia perfecta en los suburbios de alguna ciudad norteamericana.

En sí el ser humano solo busca una cosa sobre todas las demás, aparte del amor, el dinero o la salud, el hombre busca estabilidad y seguridad. Eso es exactamente lo que ofrece el sueño americano, la sensación de seguridad financiera decorada de varios aspectos que la hacen más atractiva: formas de entretenimiento y objetos materiales que ayudan a distraernos de la realidad para que las personas, teniendo un pan garantizado sobre la mesa, no profundicen ni se cuestionen sobre la realidad.

En sí el sueño americano ha variado mucho con los años, pero su fundamento no es nada más allá que una estrategia gubernamental y de los bancos para generar más capital.

Veamos por ejemplo los pueblos del norte canadiense, en específico uno de ellos llamado Val d'or, en la provincia de Quebec. Este pueblo está cerca de donde termina la carretera que lleva al norte canadiense, es decir, un poco más allá de la porra. Un lugar del mundo en el que hace frío nueve meses del año y los otros tres son invadidos por nubes de mosquitos y grandes zancudos. ¿Por qué alguien decidiría vivir en un lugar tan oscuro y desolado? La respuesta es la síntesis del sueño americano.

Resulta que en ese gran pedazo de tierra descubrieron minerales muy importantes, cuya extracción sería bastante rentable. Entonces el Gobierno se reunió con la industria minera y con los bancos para discutir cuál sería la mejor manera de extraer el mineral y al mismo tiempo llenarse los bolsillos de dinero. La industria minera se comprometió a prestar sus servicios y experiencia para que las operaciones mineras en la región se hicieran de la mejor manera. El Gobierno, por su parte, dijo que iba a ser amable con los impuestos y las tarifas de operación para motivar la extracción del mineral lo más pronto posible, pero surgió un inconveniente: ¿quién se va a meter a la mina a extraer el asbesto?

Ya contaban con la maquinaria y el aval del Gobierno, pero faltaba lo más importante, la mano de obra. ¿Cómo vamos a convencer a la gente de que es una buena idea venir a vivir a un rincón tan alejado, tan frío y aburrido? ¿Cómo hacemos para vender estos pueblos como una buena idea para vivir? Entonces ahí entraron las grandes constructoras a montar, de la nada, futuros pueblos fantasma. Se construyó una sala de espectáculo alrededor de una linda plaza, donde también quedaba la casa del alcalde o la Gobernación, una iglesia, un bar y un supermercado.

Muchos pueblos alrededor del mundo se crean alrededor de la necesidad de extraer recursos naturales en un lugar específico. Se crean como una maqueta, de la nada y con afán. Así se han formado la gran mayoría de la ciudades que conocemos en Norteamérica, por eso no es una coincidencia que la gran mayoría estén situadas al lado de un gran río, porque para los inicios del desarrollo de Norteamérica, el comercio jugó un papel clave y el río el instrumento que conectaba con el mundo exterior. Pero volvamos a la historia de los pueblos.

Para los bancos no era suficiente con financiar ciertos proyectos industriales. El modelo de negocio de un banco funciona al contrario de todas las demás industrias: el activo de los bancos es la plata que les deben, en otras palabras, el dinero que ellos prestan a sus clientes. Es por medio de intereses y tarifas que se imprime más y más dinero. La economía estadounidense funciona casi que por completo gracias al endeudamiento de sus habitantes. En Estados Unidos entendieron, muy rápido, cómo generar dinero, por eso otorgan créditos tan fácil y tan baratos.

En el caso de estos pueblos mineros el banco tenía una preocupación: ¿qué necesidad podemos inventarnos para que la gente tenga la sensación de sentirse obligada a sacar un préstamo con nosotros? Porque si las personas no desean obtener ningún bien material, no necesitan pedirles dinero a los bancos. A no ser que los bancos se ingenien la carnada perfecta. Fue así como los bancos se reunieron con las constructoras y decidieron financiar proyectos inmobiliarios para que, a su vez, se le pudiera vender la casa de sus sueños a un nuevo empleado de la minera. Como el precio de la vivienda era tan elevado, apareció la bondad de los bancos. Ellos fueron tan amables de prestarles justo el capital que necesitaban a una muy buena tasa, haciendo parecer todo como si nos estuvieran haciendo un favor, el negocio de nuestras vidas.

Se abren las puertas del nuevo pueblo, se crea toda la propaganda alrededor de la idea de venir a vivir a él y, poco a poco, van llegando las familias, con la visión y el sueño de comenzar una nueva vida en un lugar prometedor.

Analicemos la dinámica:

Ahora existe un nuevo pueblo al que nos invitan a trabajar, nos otorgan un empleo estable con un buen salario. El producto para la minera es el asbesto, la empresa se va a lucrar los bolsillos con este mineral extraído gracias a la mano de obra de los nuevos empleados. Hasta ahí, normal. El producto para el Gobierno y para el banco somos nosotros, los que decidimos creer en la apuesta de la Nueva Mesopotamia. Depende de la provincia de Canadá o el estado en Estados Unidos donde se viva, el porcentaje de impuestos que le van a quitar varía. Para seguir con el ejemplo del pueblo Val d'or, tengamos en cuenta que, en la provincia de Quebec, dependiendo de su salario, le pueden estar quitando del 30 al 50 % solo en impuestos que van para el Gobierno. De lo que queda libre en los bolsillos la mitad se va para el banco con el fin de pagar la hipoteca que usted firmó para comprar la casa de sus sueños, con lo que le queda puede pagar la cuota del carro, también al banco, porque estos lugares alejados de Norteamérica no están diseñados para andar a pie ni en bicicleta y, si distribuimos el monto restante en comida y necesidades básicas, la verdad es que queda muy poco para ahorrar.

Pero nos falta un participante más en la ecuación, ya que el capítulo del sueño americano no se puede cerrar sin hablar de la iglesia. No es por nada que en la plaza principal de cada pueblo está la iglesia, justo entre la casa del gobernador y el banco.

La iglesia también se sienta a negociar en la mesa de los niños grandes, vendiendo el ideal del matrimonio y los hijos como el núcleo espiritual. Una persona con la responsabilidad de los hijos será menos propensa a renunciar a su trabajo cuando sienta que la piel no aguanta más, y eso le gusta, en este caso, a la gran empresa minera de nuestro ejemplo.

Todo está calculado a la perfección desde hace miles de años atrás, antes de que ustedes o yo naciéramos. Nosotros venimos solo a ser partícipes de un cronograma establecido.

La idea romántica de irse a un pueblo a tener la vida de los sueños se puede generalizar a gran escala, ya que el sistema capitalista de los norteamericanos está muy bien diseñado, pero por los ricos. Por eso no nos enseñan finanzas en la escuela desde niños, porque donde todos entendiéramos cómo funciona el sistema fiscal y financiero de los países, habría muchos más ricos en el mundo. Pero el sistema necesita hormigas obreras para seguir sacando el asbesto.

Para el Gobierno la vida útil de un ser humano tiene un precio, ellos estiman que una persona a lo largo de su vida productiva será capaz de producir un monto promedio entre intereses a los bancos e impuestos al Gobierno. Con base en el nivel de productividad de un ser humano se calculan los gastos promedios del mismo para ofrecer soluciones a nuestras necesidades básicas como la salud, el alimento, el entretenimiento y el techo.

Todo lo que conocemos se puede resumir en un simple, o más bien complejo, cálculo matemático.

El asbesto es un producto que fue muy popular para la fabricación de techos y algunos otros cimientos para la construcción. Debido a su bajo costo de producción y durabilidad, el asbesto tomó mucha fuerza incluso a nivel internacional, un material que abunda en Canadá y en Estados Unidos. Después de algunas décadas utilizando este singular producto en las viviendas de millones de familias a lo largo del continente, desde Alaska hasta una escuelita pública en Chichiriviche, Venezuela, se logró concluir que el asbestos es tóxico para la salud y a largo plazo da cáncer.

Como el asbesto se prohibió casi que en todo el mundo, las plantas de extracción del mineral tuvieron que cerrar sus puertas y muchos de los pueblos que vivían de esta industria entraron en bancarrota. Una vez se cierra la empresa los empleados dejan de recibir el salario, se quedan sin fondos para pagar los quince años restantes de la hipoteca que les falta, la comida para alimentar a su familia y la gasolina para su vehículo. La casa que compraron en cierto monto pierde valor porque ya a nadie le interesa irse a vivir a allá. Las personas que se quedan en estos pueblos en decadencia ven cómo, día a día, sus ahorros y el valor de sus activos se deprecian como el bolívar venezolano en los tiempos de Hugo Chávez.

Muchas de las familias tienen que buscar un nuevo lugar para vivir. Así muchos de estos pueblos quedan abandonados, por eso es que hay tantos pueblos fantasma alrededor del mundo, porque este no es un problema solo de Norteamérica. También sucede en las ciudades salitreras del desierto de Atacama en el norte de Chile, donde el Gobierno construyó ciudades al estilo del viejo oeste, en el medio del desierto más árido del mundo, solo para extraer el caliche, un mineral muy apetecido en Europa. Esto duró hasta que los alemanes inventaron el caliche artificial y con él, la caída de los pueblos del desierto, un lugar en donde quedan solo algunas casas abandonadas con sus respectivos cementerios. Es tan alto el nivel de abandono de estos pueblos en Atacama que se puede caminar entre las tumbas del cementerio para apreciar como algunas cajuelas están abiertas dejando al aire libre el esqueleto de alguien que pudo haber contado una mejor historia. Caminando alguna vez por el cementerio de Atacama me encontré un zapato, lo levanté y me di cuenta de que aún conservaba su pie adentro, yo sí sentía el zapato un poco más pesado.

Lo triste no es ver un pueblo abandonado, lo triste es ver un pueblo que no logra resignarse y que como un gato con sus garras se adhiere a su tierra, la cual ya no le da nada cambio. Canadá ofrece programas de servicio social, para darle a esta gente, en recompensa, unos dólares mensuales para suplir así las necesidades básicas debido a la carencia laboral. Pero estos dólares que da el Gobierno no alcanzan, la verdad, para mucho.

La mayoría de personas de otros países en el mundo pensarán que el Gobierno canadiense es muy generoso con sus habitantes, pero este país también esconde varias oscuras realidades.

Por ahí hay un dicho que dice «Pan y circo para el pueblo», queriendo decir que los humanos solo necesitamos entretenernos con la barriga llena para estar bien, para no quejarnos, para no alzarnos. Pero un mejor lema para los pueblos del norte canadiense sería «Alcohol y drogas para el pueblo», ya que caminar por el centro de la ciudad de Val d'or hoy es presenciar un desfile de indigencia que decora cada lado de la avenida principal del pueblo, sobre la cual hay dos grandes edificios uno enfrente del otro. El primero para la venta legal de marihuana y el segundo para la venta de alcohol: dos de los grandes monopolios del Gobierno canadiense. Muchos de los habitantes de la calle de este pueblo son de la generación que nació durante el cierre de la mina, algunos viven todavía con sus padres, otros viven entre amigos, reuniendo la poca plata que les da el Gobierno para pasar sus vidas entre alcohol y marihuana. Parece ser que entretener al pueblo y darle pan no es suficiente: mantener al pueblo embrutecido puede ser para los gobiernos mucho más conveniente.

El sueño americano puede ser una realidad para algunos, pero no lo es para la gran mayoría. No solo por el hecho de vivir en Estados Unidos o Canadá quiere decir que nos sobre el dinero. Aquí se mueve mucho la economía, es una realidad, se ve mucho el dinero en las calles, pero lo que tal vez no se ve en las películas es lo que toca sudar para conseguirlo.

El sueño americano tiene un precio, solo los que se atreven a vivirlo saben con certeza sí están dispuestos a pagarlo.

Esto no es para todo el mundo, pero la única forma de saberlo es intentarlo.

A mí, por ejemplo, en Canadá me fue muy bien, después de muchos años de vivir trabajos duros, dolorosos, tanto para el físico como para el ego, el alma y el corazón, al final dio frutos. Todas las historias de los que vivimos este famoso sueño americano son distintas, cada quien escribe la suya.

Eso sí, para la gran mayoría, y lo digo por experiencia propia, el sueño americano se resume en trabajar, a veces inclusive en tener dos trabajos para pagar el alto costo de vida de los países desarrollados y, si uno es de buenas, se logrará ahorrar una platica para invertirlo en ir a visitar a la familia, a nuestro país de origen, una vez cada uno o dos años. Esto nos debería hacer pensar: ¿si nuestro propósito es ahorrar para volver a nuestro país, no será mejor quedarnos en él? Sin embargo, la realidad también implica que nuestro día a día, durante nuestra estancia en estos nuevos países, también ofrece ciertos beneficios, los cuales, a la larga, se convierten en la razón por la cual migramos. Con esto concluyo que nuestra vida no será más feliz solo por irnos a vivir a un mejor país, habrá momentos felices, habrá momentos tristes, de la misma forma que si nos hubiéramos quedado en casa, porque así es la vida.

Ahora me pregunto: ¿Cómo no amar a Canadá? Un país que me ha dado tanto, en el cual he vivido hace más de doce años. En este libro no vinimos a conocer las maravillas turísticas de los países, ni a ver la típica foto de un influenciador de Instagram mostrándonos los mejores paisajes, mientras viste la mejor ropa. Aquí no vinimos a contemplar la fantasía, sino a digerir algunas crudas, pero necesarias realidades. Por supuesto que todos los países tienen pros y contras, por supuesto que Canadá es un país excepcional al igual que lo es Estados Unidos, pero lo que no podemos hacer es comernos el cuento completo, mucho menos podemos tomar decisiones radicales de vida con base a la fantasía, sin conocer la realidad porque es el conocimiento de ella lo que nos hace menos vulnerables.

Me hubiera gustado saber todas estas cosas de Canadá antes de emigrar aquí. Yo tuve que aprenderlas con los años, viviéndolas de frente, quitándole con mi propia piel el maquillaje a este país. Me hubiera gustado saber todo esto antes, o tal vez no, cuando decidí dejarlo todo en Colombia, empacar mi vida en una maleta y venir a congelarme las orejas en los inviernos de Montreal.

LAS GUERRAS

Capítulo 12
El rentable negocio de la muerte

Ucrania, 2023

Así como la mayoría de nosotros, yo también había visto la guerra solo a través de la pantalla, y así como a la mayoría de nosotros, la pantalla nos muestra el mensaje que nos quieren enviar. Gran parte de nuestras creencias se deben a lo que alguien más nos ha comunicado. Lo que hace el tema de la guerra un poco más complejo es que la historia siempre la cuentan los vencedores. En el caso de Ucrania, la historia también la cuentan los que tienen ganas de vencer.

De repente, nuestro mundo se vuelve a dividir, de repente, la sociedad se parte en dos, a favor o en contra de los rusos. Lo más curioso del asunto es que hay gente que está a favor o en contra de Rusia sin haber visitado o conocido el país, y lo mismo aplica para Ucrania.

Como si fuera una necesidad humana tomar partido, escoger bando, blanco o negro. Muy pocos se atreven a pensar en gris. Pensar en gris es no tragar entero, pensar en gris es analizar la situación desde un punto de vista histórico, objetivo, desatando cualquier sentimiento que las fuertes imágenes de la guerra nos puedan producir. Pensar en gris es desconfiar hasta de la mamá.

Siempre que veo algún tipo de propaganda lo primero que pienso es: ¿quién quiere que yo vea este mensaje y por qué?

¿Cómo se beneficia esta persona, entidad o Gobierno con que crea en su comunicado, con que tome bando, y que me incline hacia la creencia que me quieren imponer?

La propaganda no es porque sí, la propaganda busca una creencia colectiva que unifique a un país bajo un propósito específico de un Gobierno dado sea bueno o sea malo.

Las imágenes de Ucrania son devastadoras, así como lo son las imágenes de cualquier guerra. En esta oportunidad quería ver la guerra con mis propios ojos para entenderla, para profundizar, estudiarla y conocerla de frente. Yo ya no quería ver la situación política del mundo a través de una pantalla, quería conocerla a través de sus habitantes: los de verdad, el pueblo y sus realidades, sus vivencias, sus victorias y derrotas. Los que sufren realmente el impacto de una guerra, la clase media y las familias, a los que rara vez se les da un micrófono para que cuenten su versión de la historia.

Es por eso que decidí empacar mi maleta de mano con diez camisetas, dos pantalones y algunos chiros de ropa interior y me fui para Polonia, buscando la frontera con Ucrania.

Desde el comienzo de la guerra en Ucrania no se puede entrar por avión al país: tren o autobús eran las únicas opciones. Por cuestiones de logística me tocó tomar el autobús el cual partió desde Cracovia hacia la capital de Ucrania, Kiev. El viaje en autobús tomaba alrededor de veinte horas, así que empaqué un poco de comida en una bolsa y me fui.

Atravesar la frontera con Ucrania me generó una mezcla de varias sensaciones: preocupación con un poco de miedo y algo de emoción. Cuando el autobús llegó a la frontera a eso de las once de la noche, nos hicieron bajar a todos para la inspección habitual de cuando se llega a un nuevo país. Hicimos fila todos los pasajeros del autobús en una gran oficina, un tanto oscura y bastante silenciosa. Cuando llegó mi turno, la oficial ucraniana de migración me pidió el pasaporte, y al darse cuenta de que yo no era ucraniano, me miró con sorpresa y me preguntó: ¿a qué vienes a Ucrania? Esta es una típica pregunta de migración, pero en el caso de Ucrania yo siento que la oficial me lo preguntó por genuina curiosidad. «Siempre he querido conocer su país y ha llegado el momento», le respondí. La oficial de migración, una chica rubia muy amable, me devolvió mi pasaporte y con una sonrisa de bienvenida me dijo: «Tenga cuidado».

Ya era oficial, estaba en territorio ucraniano.

Mi objetivo con Ucrania era recorrerla de Occidente a Oriente, por eso después de pasar un par de días en su capital, tomé un tren y me fui directo a la ciudad de Járkov, frontera con Rusia, ese era el lugar indicado si quería conocer el monstruo de la guerra de frente.

La ciudad de Járkov había sido invadida por los rusos hace mucho tiempo, desde allí se podían ver de frente los resultados de la guerra, sin anestesia ni maquillaje.

El tren desde la capital de Ucrania hasta Járkov también tomó un buen par de horas, llegué de noche a la ciudad. La noche en Járkov es mucho más oscura que una noche normal en una ciudad normal, ya que todos los habitantes de la ciudad deciden apagar las luces de sus hogares cuando cae el sol, no solo los edificios y las casas están sin luz, sino que la ciudad misma apaga las luces que iluminan las calles, los edificios y la estación de tren. Pero las luces aquí no se apagan para ahorrar energía o porque sufran de apagones, en Járkov las luces se apagan para que sea mucho más difícil localizar los edificios importantes de la ciudad a través de un dron ruso o un artefacto de *GPS*, tecnologías que son usadas con frecuencia para identificar objetivos militares y así poder enviar misiles de alto alcance para destruir estas edificaciones desde Rusia. Las luces de la ciudad se apagan como una especie de camuflaje nocturno. Así me recibió este lugar de Ucrania.

Salí de la estación de tren y me di cuenta, de inmediato, de la espesa oscuridad que me esperaba, no se podía ver siquiera el piso bajo mis pies. Entre las pocas cosas que empaqué en la maleta tuve la suerte de echar una linterna. Cuando estaba en Canadá se me ocurrió que tal vez era una buena idea y no me equivoqué.

Con la linterna de bolsillo salí a la avenida principal a buscar un taxi, el cual tardó mucho tiempo en pasar. Pero al llegar, le di al taxista un papel con una dirección anotada: la dirección de un hotel que había contactado días atrás. El taxista no hablaba inglés y yo mucho menos ucraniano, nos acompañamos en silencio a través del recorrido, por medio de calles y callejones tan oscuros que hacían imposible manejar a más de 20 km/h. Hasta que, por fin, después de algunos minutos, llegamos al hotel.

El taxista me dijo algo en ucraniano que en mi cabeza se tradujo como: «Hemos llegado», así que le pagué, agarré mi maleta y me bajé del taxi. Cuando el taxi se fue, me quedé completamente solo, a oscuras, en la calle de un país desconocido, donde no hablaba el idioma, en medio de una noche solitaria, en medio de una guerra. Sentía entonces esa adrenalina a la cual le atribuyo la culpa de querer seguir cometiendo este tipo de locuras.

Entré al hotel y caí en un sueño profundo.

Antes de visitar Ucrania me recomendaron descargar una aplicación en la que sonaba una notificación cada vez que hubiera una alerta de misil. Las alertas de misil no solo suenan en el celular, sino que también a todo lo largo de la ciudades del país como un llamado apocalíptico al miedo, miles de sirenas colgadas en lo más alto de los postes sonando al mismo tiempo. Pero las alertas de misil suenan tantas veces que terminé borrando la aplicación del celular para poder dormir tranquilo.

Al otro día en la mañana, decidí dar una vuelta por la ciudad para conocerla: se veían algunos edificios destruidos, escombros en la calle y marcas de bala en las paredes. Pero también había mucha gente en la calle, caminando y cumpliéndole a la rutina. La nueva rutina ucraniana, esa rutina donde la gran mayoría, así como yo, han borrado la aplicación del celular para dejar de atormentarse. Una rutina de guerra que ha logrado resignar a los residentes del país en cuanto a la muy probable idea de morir en cualquier momento.

Las ciudades ucranianas hoy exhiben los tanques destruidos de los rusos en sus plazas principales como un museo de esperanza ante la guerra. Todo decorado con banderas ucranianas y carteles llenos de insultos hacia Vladímir Putin.

La guerra no discrimina clase social: los misiles caen indiscriminadamente donde tienen que caer. Pero como siempre, el motor económico y financiero de un pueblo es su clase media trabajadora, la clase que gasta y mueve la economía, la masa. Tomé otro taxi hacia los suburbios de esta ciudad fronteriza, los cuales quedaban aún más cerca de Rusia. Yo había visto en las noticias que esos suburbios en específico habían sido invadidos por los rusos un tiempo atrás, pero quería verlo con mis propios ojos.

A medida que el taxi avanzaba, más nos acercamos a la frontera, uno de los lugares más calientes del planeta en la actualidad. Llegamos a un complejo muy grande de edificios y me bajé del taxi. Comencé a caminar sobre lo que quedaba de césped en un parque, rodeado de grandes cráteres y escombros por culpa de tantas explosiones. En este barrio se sentía el pasar de los grandes tanques de guerra. Un barrio que albergaba a 250.000 personas, en el cual hoy solo quedan algunos cientos. Algunas personas han vuelto a casa una vez se fueron los rusos de la zona, pero lo que les dejó la guerra fue un desierto de grandes edificios completamente destruidos, quemados, sin puertas ni ventanas.

Al explorar la zona decidí entrar en uno de estos edificios, no por la puerta sino por la pared rota que me llevaba direc-

tamente a la sala de lo que fue el hogar de una familia. El piso estaba lleno de escombros, el techo de las paredes repletas con huecos de bala, pero no de metralleta: cuando una bala de tanque explota libera miles de partículas metálicas destruyendo todo lo que se encuentra en su perímetro de alcance y, por eso, con el impacto de una sola bala de tanque se puede destruir tanto como cientos de metralletas juntas. Era evidente ante mis ojos que las balas de tanque habían sido disparadas hacia el hogar de múltiples familias que estoy seguro de que, a pesar de ser ucranianos, muchos de ellos ni siquiera deben entender la razones reales de la guerra.

En este apartamento había juguetes de niño en el piso, parecía haber pertenecido a una familia con un único hijo. De repente, me encontraba explorando toda una ciudad abandonada enfrente de mí, yo solo, caminando entre edificios destruidos, entrando en el apartamento de múltiples familias que tuvieron que salir corriendo por culpa de la guerra, dejándolo todo atrás, de afán y sin aviso. Es una sensación difícil de explicar.

Al salir del edificio encontré una escuela de preescolar, tampoco tenía puertas ni ventanas, así que decidí entrar. El escenario era el mismo; destrucción y escombros frente a mis ojos, un sonido de vidrio crujiendo al caminar. Los pupitres de los niños estaban rotos, al igual que sus casilleros. Los escombros de aquel lugar eran un poco más difíciles de digerir, paredes decoradas con personajes coloridos, paisajes con arcoíris, muñequitos animados, letras del abecedario, todo, absolutamente todo repleto de impactos de bala y muerte. Esto quería decir que alguien, en algún momento, tomó la decisión de eliminar esta escuela de preescolar con o sin niños adentro, como si ellos fueran de alguna forma una amenaza para el Estado. Así es la guerra, un estruendo irracional que cuando se entiende tiene lógica: la lógica del poder y del dinero sobre todas las cosas.

A cada paso que daba se me hacía más difícil tragar saliva. El miedo de entrar a Ucrania se convirtió en tristeza, porque solo al ver la guerra de frente se puede entender nuestro lado más oscuro.

Cuando salía de la escuela preescolar encontré un lago donde, por casualidad, había dos señores pescando, se sentía una extraña paz. Me senté a mirarlos para entender de dónde viene el dicho que dice que después de la tormenta llega la calma, y aunque a Ucrania no llega aún la calma, los pequeños momentos en donde no se escuchan explosiones son bastante apreciados por sus habitantes.

Después de unos minutos, un curioso caballero se acercó a mí para preguntarme de dónde era. Tuvimos una conversación semi fluida en un inglés bastante genérico, que en su momento fue de gran ayuda. Yo le conté que había venido a Ucrania para entender cómo vive la gente durante la guerra, el señor me dijo que entonces debía conocer al 'Vecino'.

El 'Vecino' es un personaje del barrio muy reconocido por los más 250.000 habitantes del lugar, porque en el momento en el que todas las familias se fueron durante la invasión rusa, él decidió quedarse para enfrentar al enemigo, o por lo menos, esconderse de él. Cuando llegaron los tanques rusos a esta parte de los suburbios ucranianos, la mayoría de la población civil estaba armada, en Ucrania se repartieron armas a los civiles. Con estas mismas armas, las familias intentaron defender su barrio, disparando desde la ventana de sus propios apartamentos, muchos dispararon un arma por primera vez el día de la invasión. Pero los tanques de guerra eran mucho más fuertes, así que tocó evacuar la zona. Todos se fueron a excepción del 'Vecino'.

El 'Vecino' decía que, si él iba a morir, habría de hacerlo en su casa. Este personaje es un señor de más de sesenta años que convenció a su esposa de que se quedara a acompañarlo. Así es como juntos lograron esconderse entre escombros por más de un mes, como ratones entre edificios destruidos, enfrentando explosiones, incendios, ruidos estruendosos y mucho humo. Los soldados del ejército ruso entraban a los apartamentos para asegurarse de que todas las familias habían evacuado, para poder llamar a esto una zona ocupada. El 'Vecino' y su mujer se escondían en donde podían para no ser encontrados por los rusos.

Cuando tuve la oportunidad de conocerlo, me llevó a ver la que fue su última guarida, esta quedaba en el balcón de un décimo piso, con la puerta caída, algunas tablas obstaculizando el pasadizo, el piso lleno de vidrios rotos, algunas latas y mucha basura y, en la esquina, un viejo colchón de un solo puesto doblado para que entrara en ese pequeño espacio en el cual él y su mujer pasarían las últimas noches, antes de que los rusos, por fin, se fueran. En ese colchón tocaba, por obligación, dormir con las piernas arriba, contra el muro, asimismo como la espalda y la cabeza, contra el otro muro, como en una U, el espacio era diminuto.

El 'Vecino' y su mujer sobrevivieron comiendo algunos enlatados que encontraban en las ya destruidas cocinas de las personas que habitaron, en algún momento, estos edificios, cambiando de guarida constantemente, con los ojos y los oídos siempre al descubierto, como venados en un bosque rodeados de leones, prestando atención a cada movimiento, a cada minúsculo ruido que podían provocar sus propios pasos, instinto animal en su máxima expresión.

Cuando los rusos se fueron, Ucrania volvió a recuperar ese territorio. Algunos habitantes del barrio comenzaron a volver para reconstruirlo, poco a poco. El 'Vecino' y su mujer salieron a la luz, por fin, después de tantos días de incomodidad y oscuridad, tantos días sin bañarse, tantos días rogando al cielo por un poco de agua. Después de tanto sufrimiento, esta parejita de sobrevivientes logró caminar de nuevo por las calles de su barrio, para presenciar lo que había quedado de él. A los dos meses de haber salido los rusos de allí, la esposa del 'Vecino' falleció: no la mató la guerra, ni el humo, ni los rusos, la mató un cáncer que ya venía desarrollando desde hacía un tiempo atrás.

Así como todos nosotros, la señora falleció cuando le tocaba. Ahí es donde la muerte se disfraza de poeta, porque el hecho de no haber muerto antes le da un nuevo significado a su compañía: que el amor de su vida sobreviviera para contar esta historia, para no pasar solo a través de semejante travesía, para que al acompañarlo él pudiera retomar la fuerza necesaria para superar un evento que, seguro, la mayoría de nosotros no logramos ni siquiera dimensionar. Es como si ella hubiera puesto en pausa a la misma muerte, para entregarle la poca fuerza que le quedaba a su marido y, así, ayudarlo a tener otra oportunidad sobre la Tierra.

Un año antes de mi visita a Ucrania tuve la oportunidad de recorrer, durante un mes, varios lugares de Rusia. Conocí a su gente, algunas ciudades principales, algunos pueblos y la vida del campo. He conocido personas tanto en Rusia como en Ucrania: son igual de amables, igual de hospitalarias, ambos pueblos en contra de las guerras en general. Muchas personas que tienen una opinión con respecto a quién es el bueno o es malo en situaciones como estas ni siquiera entienden, de verdad, por qué suceden las guerras, ya que nuestra versión de la realidad puede ser solo el resultado de un chip implantado en nuestra conciencia. En él hay una buena propaganda, muy poco nos enseñan a conocer el mundo de una forma objetiva y, una de las únicas maneras de poder hacerlo es desmintiendo los mitos, los clichés y los tabús de los países. Eso solo se logra viajando, arriesgándose a atravesar fronteras, y conociendo a personas y sus hogares, sus familias, sus costumbres y su comida.

Con este tipo de experiencias me doy cuenta, cada vez más, de que el ser humano es un animal bueno aunque susceptible, pero sobre todo temeroso. Porque las intenciones de las personas, en la gran mayoría de escenarios son buenas, te dejarán pasar a su hogar, te darán un plato de comida, sean rusos o ucranianos; pero también somos susceptibles ante temores implantados por alguien más que, de alguna u otra forma, le conviene que tengamos miedo, miedo a una serie de eventos que nos hacen enemigos, miedos que es muy probable que nunca ocurran y que si ocurren no será culpa nuestra ni del vecino. Y aún así, durante la historia de la humanidad, seguiremos dándonos bala unos a otros, personas inocentes jalando el gatillo, disparando lo que se mueva, en nombre de alguna causa popular, llamando enemigo a otro ser humano igual de inocente, igual de susceptible y programado, cuando en el fondo, la verdad es que todos somos iguales.

Esa es la explicación poética que hace que el hecho de una guerra no tenga sentido. Sin embargo, aquí va la explicación racional que sí le da todo el sentido: la guerra es un negocio bastante lucrativo, cuando estalla una guerra en algún país, hay muchos otros que celebran, ya que la venta de municiones, tanques y rifles se activa. Este es un negocio que mueve cifras incalculables de dinero.

Países como Estados Unidos, Francia, o la monarquía parlamentaria del Reino Unido, manejan, en sus libros de contabilidad, un alto índice de ingresos debido a las guerras que ni siquiera ocurren en su propio suelo. Y ahí es donde se mezcla el capitalismo de la guerra con la relaciones internacionales: Estados Unidos no le puede vender armas a Ucrania para atacar a los rusos, de ser así, los rusos tendrían la excusa perfecta para atacar a los gringos. Entonces Estados Unidos le vende armas a Ucrania para defenderse de los rusos dentro de territorio ucraniano, una bala estadounidense no puede atravesar la frontera hacia Rusia porque las consecuencias podrían ser devastadoras. Todo el armamento que los estadounidenses le otorgan a Ucrania debe utilizarse dentro del territorio ucraniano cuando los rusos invaden el país. Pero no por nada los rusos son campeones mundiales en ajedrez, ellos son unos duros en estrategia y no solo militar. Por eso la mayoría de los ataques de los rusos hacia el pueblo de Ucrania se hacen justo en la frontera, en territorio ruso, porque ellos saben que desde allí nadie puede atacarlos y, al mismo tiempo, tendrán el alcance suficiente para ir ganando territorio un día a la vez.

Países como Estados Unidos podrían darle a Ucrania todos el armamento que necesitan para liberarse de los rusos, pero no lo hacen porque es mejor venderle armas de a poquito, las cantidades justas, porque es conveniente que la guerra siga. Entre más dure, más se factura. En la guerra la vida humana no tiene valor, la venta de armas sí y para los países y personas que están en semejante situación de poder, el dinero es lo único que importa.

Después de pasar una tarde con el 'Vecino' tomé mi tren para salir de Járkov rumbo a Kiev. Tres horas después de haber salido de la ciudad, los rusos volvieron a bombardearla, esto sucedió mientras yo todavía estaba sentado en el tren. La cotidianidad de las ciudades de la frontera rusa se vive entre misiles, bombas y explosiones. Algunos de los lugares que logré visitar en ese viaje hoy ya no existen, en especial un restaurante, donde almorcé el último día antes de salir de Ucrania, en el cual cayó un misil varias semanas después de mi despedida de ese país.

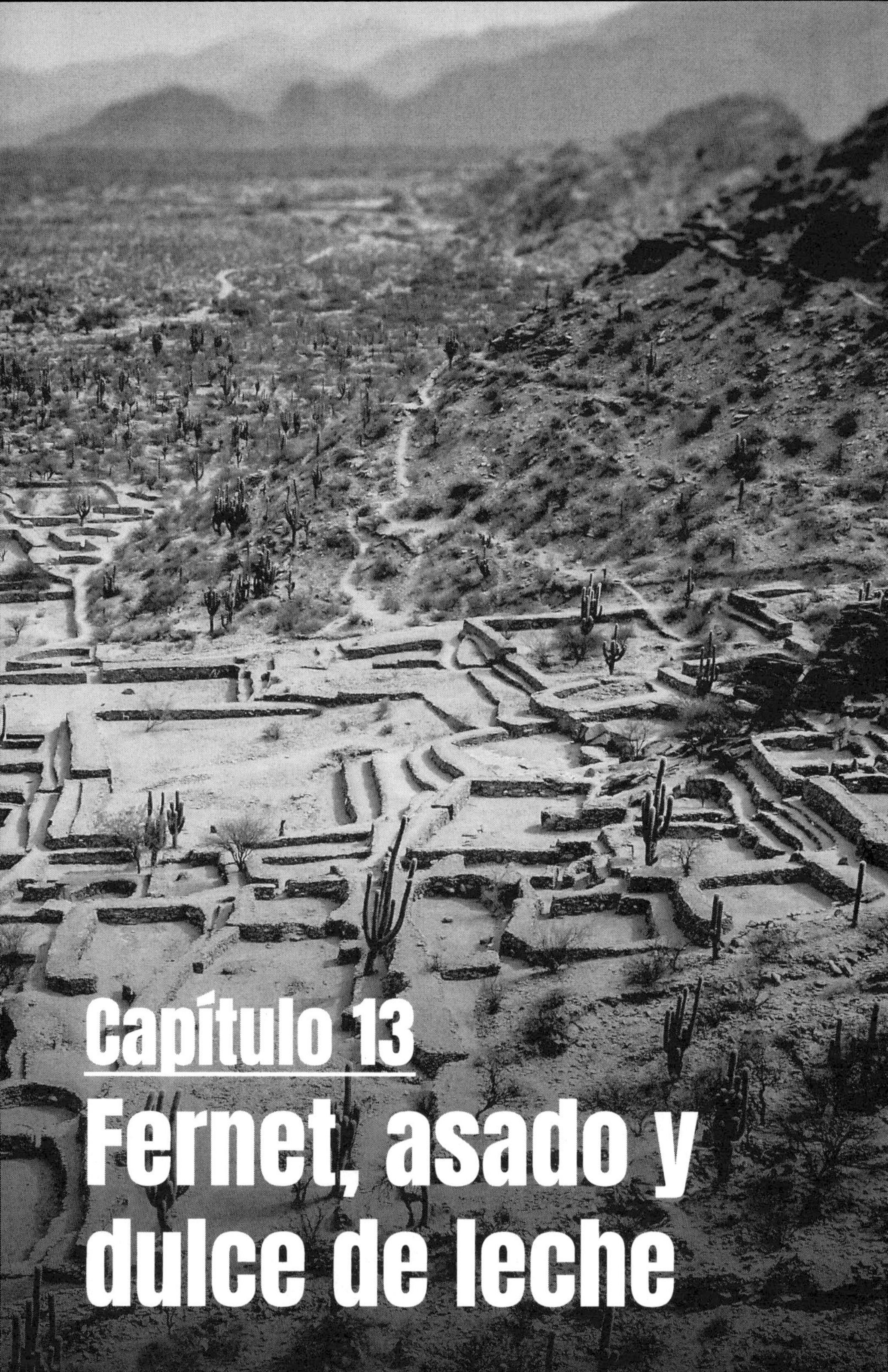

Capítulo 13

Fernet, asado y dulce de leche

Norte de Argentina, 2009

Voy a volver a una parte fundamental de mi historia personal que me llevó a otro lugar del mundo, pero por razones distintas. Considero que es muy importante escuchar al cuerpo y al corazón, porque en ellos está la respuesta de lo que en realidad necesitamos. Yo sentía un vacío que no me permitía tomar la decisión de irme, y antes de viajar a Canadá, por alguna razón mística que desconozco, me paré de la cama y le pregunté a mi madre: «¿Cómo es que era el nombre real de mi padre?». Con los años ella me había confesado que el argentino no se llamaba Adrián Alfonso, me dijo que ese era un nombre ficticio que se había inventado en Colombia, no solo para obtener papeles por debajo de cuerda, sino también para que nadie lograra encontrarlo. Su nombre real era Mario Alberto Puentedura.

Mi mamá estaba en la cocina y yo me fui con la información al computador de la casa. Ingresé en Facebook y solo por curiosidad busqué el nombre Mario Alberto Puentedura. Facebook me dio un solo resultado de un señor llamado de la misma forma, que vive en una ciudad bastante cercana en Argentina de la que venía mi papá. Este nuevo personaje que se llamaba igual que mi padre lucía bastante joven para ser él, pero igual lo saludé.

Saludé a este señor llamado Mario Alberto Puentedura, diciéndole:

«Buenos días, tal vez este mensaje te parezca un poco extraño, pero tú te llamas igual que mi papá, el cual no veo hace más de veinticinco años. Él vivía cerca de tu ciudad, en Tucumán, su mamá era profesora de piano. No sé cuántos Mario Alberto Puentedura haya en Argentina, pero de pronto tú conoces algún otro».

El misterioso señor al otro lado del Facebook me respondió en tiempo récord, diciendo: «Envíame una foto para verlo».

Cuando él me dijo eso, sentí mucha pereza de enviar la foto, porque en ese entonces los teléfonos inteligentes era un lujo para los ricos, y para escanear una fotografía tocaba, de hecho, conectar un viejo y grande escáner que parecía más bien una nevera en un viejo computador que parecía más bien un tanque de guerra, una operación de la cual casi desisto hasta que el misterioso personaje de Facebook me volvió a insistir: «Dale, solo envíame una fotografía para verlo».

Su insistencia me pareció sospechosamente agradable, ya que parecía tener disposición de ayudar. Esa disposición fue la que me dio la energía suficiente para desenredar todo el cableado que me llevaría a escanear una fotografía, y se la envié.

En ese momento mi madre entró en la habitación y me dijo: «¿Qué estás haciendo?». Yo le respondí que estaba hablando con un tal Mario Alberto Puentedura, que me pidió una foto de mi papá para ver si lograba reconocerlo.

Mi mamá entró en *shock* y en un alto frenesí de nervios con emoción, esperamos los dos, atentamente, la respuesta del señor. Fueron los cinco minutos más largos de mi vida, el señor Mario Alberto ya había visto la foto, pero no decía nada, hasta que de repente empezó a escribir y me lanzó la siguiente frase:

«Ya vi tu foto y quiero decirte que tu papá también es mi papá».

De repente, una mañana que parecía normal, se convertiría en el histórico día en que encontraría a mi hermano el argentino y ya todo tendría sentido: no podía irme a congelarme las orejas a Canadá hasta que no encontrara a mi papá.

Mi hermano, el argentino

Tengo un hermano y es argentino. No lo podía creer, estaba un paso más cerca de saber quién era mi papá, para bien o para mal. Mi hermano el argentino me propuso que tuviéramos una videollamada por Skype. Yo le dije que sí, pero que lo hiciéramos al día siguiente, porque necesitaba digerir lo que estaba pasando. El día transcurrió con calma y en la noche dormí con una extraña sonrisa en mi rostro.

Al otro día, en la mañana, me conecté para cumplir la cita programada de nuestra videollamada. Al prender la cámara, al otro lado de la pantalla había dos personas, divididas por una línea, como si se tratara de una llamada de tres participantes. A la derecha estaba Mario Alberto, que de ahora en adelante llamaremos Marito, y en la izquierda un misterioso señor, con sombrero, en una habitación de luz tenue que a duras penas dejaba ver su rostro: «Hola Juan, soy tu tío, el hermano de tu papá».

En cuestión de segundos no solo encontré a mi hermano, sino que también, de repente, tenía un tío. Sus acentos 100 % argentinos le daban un toque exótico y surrealista a la experiencia que yo estaba viviendo, ya que, para mí, el trato con la familia se llevaba a cabo en acento colombiano.

Mi hermano me confesó que él pensaba que se trataba de una estafa o una broma pesada cuando lo contacté por Facebook. No podía creer que después de treinta años recibiera noticias de su desaparecido padre. Esa fue una de las primeras preguntas que esos dos señores me hicieron en nuestra llamada:

—Y el papá, ¿en dónde está?

—Yo no sé, por eso lo ando buscando —les respondí yo.

Hablamos durante casi media hora, ellos contándome su experiencia durante los últimos días antes de la desaparición de mi papá, una historia que aún recuerdan como si hubiera sido ayer. Me decían que ellos lo daban por muerto ya que el paso por Bolivia puede ser bastante peligroso. Yo contándoles a ellos, qué fue lo que pasó después de que él se fuera de Argentina:

—Tu papá no murió en el camino, él salió vivo de Bolivia, atravesó Perú, Ecuador y llegó hasta Colombia. Ahí conoció a mi madre y se fueron juntos a vivir a Panamá, país donde nací, pero hace más de veinticinco años tampoco sé de él.

Ellos no podían creer que, después de tanto tiempo, se estuviera desempolvando una historia que fue un misterio durante treinta años y sin ningún aviso. Una persona que daban por muerto de repente aparecía disfrutando de una familia que no era la de ellos en fotografías, en otro país, como si nada hubiera pasado.

El tío Pedro, de repente, interrumpió la conversación para preguntarme:

—¿Cómo estás de pasaporte?

—Bien, está vigente —le respondí.

—¿Por qué no venís a la Argentina y nos conocemos en persona, así conocés al resto de la familia, trae fotos, hablamos y pasamos un rato? —me propuso mi nuevo tío.

Dentro de mí sentí ganas de aceptar su propuesta sin pensar en nada más, pero mis labios pronunciaron las siguientes palabras:

—Déjame pensarlo y mañana te confirmo.

Siempre la voz racional le ha ganado a mi voz emocional interior, aunque, en el fondo, sabía que sí había algunos factores que considerar.

A los tres días de haber colgado esa llamada estaba en el Aeropuerto Internacional El Dorado, con una maleta de mano, en dirección a Córdoba, ciudad argentina, en donde el tío Pedro y mi hermano Marito estarían esperando para recogerme.

Yo había llegado de Francia hacía una semana y ya estaba montado en otro avión para irme a Argentina. En definitiva Canadá tuvo que esperar. El vuelo entre Bogotá y Córdoba fue más o menos corto. Llegué de madrugada y al abrirse la puerta de salida me encontré, de frente, con los dos personajes que había conocido días atrás durante una llamada de Skype. Estaban en la misma posición que la llamada, mi hermano a la derecha y mi tío a la izquierda. Nos saludamos de abrazo y, poco a poco, se fueron desenredando las palabras.

Del aeropuerto no subimos en el carro del tío Pedro a buscar desayuno. Ahí probé mi primer café en Argentina el cual acompañé de unas ricas miniaturas gastronómicas conocidas como las facturas. Todo el recorrido, incluyendo el café, lo acompañamos contándonos anécdotas de mi papá; ellos tenían historias que yo jamás había escuchado y yo tenía lo mismo para ofrecerles.

Después de tomar el café en Córdoba manejamos hasta la ciudad de Tucumán, en donde conocería otro de los personajes importantes en la vida de mi padre: su hermana, la famosa tía Nena. De pronto no será famosa para ustedes, pero para mí sí lo era, ya que el papá hablaba tanto de la tía Nena, que hasta mi mamá llegó algún día a contarme sobre ella. Un personaje que durante mi infancia se sentía como de mitología griega, en este caso, mitología gaucha; un personaje que tenía, frente a frente, delante de mí, dándome un abrazo al recibirme en su casa. La casa de la tía Nena estaba llena de invitados, había más o menos unas quince personas, todos desconocidos para mí. Luego los fui conociendo, poco a poco, abrazo tras abrazo, cuando todos me recibieron de la forma más calurosa posible, mientras se iban presentando.

Entre los abrazos escuchaba cosas como: «Hola, tío», lo que me reveló que no solo tenía un hermano, dos hermanas, tíos, sino también sobrinos argentinos.

Ese día conocí tantos miembros de mi familia que necesitaría tres manos o más para contarlos. Fue como haber descubierto un baúl en el fondo del mar que, al abrirlo, el tesoro encontrado no me cabía entre las manos.

De Tucumán viajamos a Santiago del Estero, lugar de Argentina donde conocería a la familia de mi hermano, su bella esposa y sus tres hijos. Mi hermano tenía, y tiene todavía, una familia muy linda. Allí tuve la primera de múltiples lecciones que aprendería de él: «El hecho de no haber tenido una familia 'perfecta' durante mi infancia, no quiere decir que no pueda intentar tenerla durante mi edad adulta, y si no es perfecta, que sea bonita».

Pasé algunos días con mi hermano, su esposa y mis tres sobrinos; conocí muy bien el estilo de vida de los santiagueños, y tuvimos la oportunidad de hablar durante horas con mi hermano, intercambiando historias sobre nuestro desaparecido padre para atar cabos. Yo le conté a mi hermano sobre mi experiencia en Panamá, sobre el machete y el día que tuvimos que escapar con mi madre. Nosotros en Panamá tuvimos que huir de la capital porque alguien nos estaba buscando para hacernos daño, una anécdota bastante familiar para mi hermano, ya que él y su familia pasaron por un episodio bastante similar muchos años antes de que yo naciera.

Cuando mi papá se fue de la Argentina varias personas fueron a la casa de su esposa a preguntar por él, así como también llegaron en algún momento a buscarlo en nuestra casa en Panamá; la misma situación con años de diferencia y en lugares distintos.

Pero en Argentina sí supieron por qué mi padre huía, y todo se resume a la ambición del dinero fácil. Las picardías del niño pueden convertirse en los delitos del adulto: mi padre visitaba terrenos para escoger aquellos que no estuvieran custodiados ni vigilados por sus dueños, los ofrecía y se los vendía con papeles falsos a cualquier persona que mostrara interés en la propiedad. Muchas veces llegó a venderle el mismo terreno a varias personas, recogiendo grandes cantidades de dinero, engañando a personas inocentes que no tardaron mucho en hacerle el reclamo. ¿En qué cabeza cabe que esto sería una buena idea de negocio? Varias personas que conocieron a mi padre, por lo menos mejor que yo, concluyeron que era un buen trabajador, inteligente y bastante creativo para emprender negocios, así como ya lo demostró en Bogotá y su mini empresa de empanadas junto a mi madre; realmente no había necesidad de buscar el dinero fácil, de hacer trampa, pero él la hacía.

Él decidió irse hacia Bolivia, o por lo menos eso le dijo a su familia, y nunca más volvió a casa; dejó a su mujer y a sus pequeños hijos delante de un problema millonario para que ellos resolvieran solos las consecuencias de sus actos. Es difícil escribir estas líneas sabiendo que la persona de la que hablo fue mi padre, pero sería más difícil aún vivir a propósito en el engaño.

A la familia de mi padre en Argentina le tocó vender la casa y perderlo todo, sus vidas cambiaron para siempre, pasando de ser una familia acomodada, a rebuscar el centavo para saldar las cuentas pendientes que él les había dejado. A los ocho años de edad, mi hermano el argentino no solo había perdido su papá, sino que por culpa de él ahora tenía que vender limonadas en la calle para recuperar por lo menos un poco de lo que habían pérdido.

Ese día entendí la historia del machete en Panamá, todo cobró sentido en ese momento; a nuestra casa en Panamá fueron a cobrarle algún dinero de alguna de sus estafas, por lo cual una de sus víctimas nos destrozó la casa, y dejó ese oxidado machete amenazante sobre mi cama, no solo como una señal de que mi padre se había metido con la persona equivocada, sino como la prueba más evidente de que el problema de mi padre aún lo perseguía.

Es muy fácil señalar, juzgar o lanzar la primera piedra sin conocer las razones o los sentimientos de la persona, siempre me queda la duda de qué tipo de angustias invadían el buen y desviado corazón de mi papá, porque estoy seguro que en algún momento tuvo que haber llorado por sus hijos argentinos.

La cuna de mi padre

Era hora de continuar el recorrido hacia Jujuy, mi tío Pedro y yo, solo los dos, para conocer el lugar en donde había nacido mi papá.

El norte de Argentina es un lugar espectacular, la cultura de la región andina combinada con paisajes de grandes montañas de colores, entre mates y empanaditas al horno con chimichurri, es una experiencia que eleva la endorfina.

Llegué a Jujuy a la casa de mi tío Pedro, para darme cuenta de que el tío era un empresario importante de la región. De joven, el tío Pedro cambiaba llantas para camiones sobre la carretera, en un kiosco bastante humilde. Después de un tiempo le preguntó al dueño del kiosco si le molestaba que él le vendiera sándwiches a los camioneros y su jefe aceptó. Gracias a este pequeño emprendimiento, mi tío logró ahorrar lo suficiente para comprarle el negocio a su jefe. Luego de un tiempo de estar operando él mismo su propio negocio de llantas del camión, volvió a ahorrar lo suficiente para comprar su primer camión, y con este producir el dinero suficiente para comprar un segundo, un tercero, un cuarto, y así sucesivamente.

Hoy mi tío Pedro tiene una prestigiosa empresa de transporte en el norte de Argentina, de la cual se siente muy orgulloso, tanto que me dio consejos como: «No ahorres para comprar casa, ahorra para invertir en un negocio, que ese negocio te dará para comprar tu propia casa sin necesidad de pedirle plata al banco». Aquí sigo, con las uñas, tratando de ahorrar para el verraco negocio a ver si algún día puedo seguir su consejo.

En Jujuy conocí la casa donde nació mi padre, también pasé por algunos lugares que representan muy bien su infancia y adolescencia; como la curva en la carretera donde, un día, mi papá, por andar manejando borracho, tuvo un accidente en el que se volcó su carro. Por culpa de los vidrios producidos por el impacto, mi padre se cortó en varios lugares de su cuerpo. Con su dedo tocó la sangre que se esparcía por su piel y como si fuera un lienzo en el techo del vehículo, escribió con su propia sangre la frase «La cagué». Siempre desafiando a la muerte con burla, siempre en estado de embriaguez desde temprana edad.

Después de haber pasado unas interesantes semanas en Argentina, conociendo a mi familia, conociendo el país y la herencia de mi ADN, ya estaba listo para devolverme a Bogotá y así lo hice.

Al llegar a Bogotá cargado de historias y nuevas fotografías, sentí qué tal vez ya era hora de empacar mis chiros para irme a Canadá, sentí que mi misión con mi padre había terminado. Pero, al otro día de mi llegada a la capital colombiana, me llamó a mi hermano y me dijo:

—¿Cuándo vas a empezar a buscar al papá?

Yo le respondí:

—Yo no lo voy a buscar porque será imposible encontrarlo.

Mi hermano decepcionado me respondió:

—Si yo estuviera en tu lugar por lo menos lo intentaría, dale, andá a buscar al viejo.

Yo no quería defraudar a mi hermano y le respondí:

—Bogotá es una ciudad de diez millones de habitantes, sería muy ridículo que yo saliera a sus calles a buscar a mi papá con una vieja fotografía que se tomó hace veinticinco años. Las probabilidades de encontrarlo son cercanas a lo imposible, pero por ti lo intentaré.

—Dale, con que solo lo intentes ya habrá sido suficiente.

Las decisiones de mi vida en muchas ocasiones implican algo de estadística, y en este caso, encontrar una persona que lleva más de veinte años desaparecida con una foto igual de vieja, en una ciudad tan grande y sin una pista de su paradero, era una batalla perdida.

Le pregunté ese día a mi mamá: «Hace veinticinco años, cuando mi papá me regaló el *CD* de Aerosmith, ¿en dónde vivía él aquí en Bogotá?».

Mi mamá me respondió:« Creo que tu papá se estaba quedando con su amigo el judío en un barrio llamado Spring».

Arranqué del álbum la misma fotografía de mi papá, mi mamá y yo, que le había escaneado a mi hermano semanas atrás y salí entonces a buscar a mi papá.

Capítulo 14

La foto con la que encontré a mi padre

Bogotá, Colombia, 2009

Con esa misma fotografía estaba buscando al mismo señor que aparecía en ella, en pleno año 2009, casi que veinticinco años después. El tiempo pasa factura, la edad y la piel no perdonan. Era muy posible que el señor de la fotografía luciera completamente distinto después de tanto tiempo, pero esto lo hacía por mi hermano, para cumplir la promesa de que por lo menos intentaría buscar al papá, así fuera de la forma menos probable.

Le dije a mi mamá: «Nos vemos en un rato, voy para el barrio Spring a ver qué me encuentro por allá».

Escéptica, mi mamá me respondió: «Te espero para almorzar» ya que ambos sabíamos que encontrar una persona después de tanto tiempo, y en una ciudad tan grande, era imposible, sobre todo si la única pista que tenía era esa vieja fotografía.

Para sorpresa mía, el barrio Spring, lugar donde vieron a mi papá por última vez, quedaba justo al lado del barrio donde yo pasé mi adolescencia. Así que me fui a pie a buscarlo.

Caminando por las calles de mi barrio en dirección hacia Spring, se me ocurrió que, tal vez, era una buena idea empezar a preguntar en una tienda de barrio, cualquiera, selección aleatoria. La pregunta fue la siguiente:

«Buenos días, podría decirme, ¿cuál es el negocio, tienda o restaurante más antiguo del barrio? por favor».

Si yo iba a buscar a mi papá con una foto de hace veinticinco años, tendría que preguntarle a alguien que llevara por lo menos el mismo tiempo en este barrio a ver si, de repente, vio al viejo pasar por ahí.

El señor de la tienda con amabilidad me respondió que el negocio más antiguo del barrio, según su conocimiento, era el asadero de pollos que quedaba a dos cuadras de allí. Este juego de detective me parecía muy emocionante, porque a pesar de que no iba a encontrar a mi papá, me divertía la tarea de andar buscándolo.

Caminé entonces hasta el asadero de pollos, un gran restaurante repleto de mesas, donde vendían el tradicional pollo asado colombiano acompañado de papas saladas, yuca, plátano y ensalada. Me acerqué a la caja y le pregunté a una joven empleada que si su jefe se encontraba hoy en el negocio. Con cara de sospecha, esta joven fue y buscó a la dueña del asador de pollos: una señora de más o menos sesenta y cinco años que salió a atenderme con curiosidad.

Yo le pregunté a la señora que hace cuánto tiempo tenía su negocio, me respondió que hacía más o menos treinta y cinco años. Así que yo pensé «si en algún momento mi papá se comió un pollo en este barrio hace veinticinco años, tuvo que haber sido en este lugar». Saqué la foto de mi bolsillo y se lo mostré a la señora y le dije:

—Yo sé que esto suena raro, pero estoy buscando a mi papá. Esta foto es de él hace veinticinco años atrás. Hoy en día debe lucir diferente, tal vez canoso, tal vez sin pelo, seguramente con el mismo acento argentino, ¿lo reconoce?

La reacción de esta amable mujer emprendedora, al mirar la fotografía, me dejaría sin aliento.

—Clarooo, no lo puedo creer, aquí se veía muy joven, su nombre es Adrián Alfonso, él es el que me vende carbón para los pollos, la semana pasada estuvo por aquí.

Yo le respondí:

—Sí, ese es su nombre. Por lo menos en Colombia.

Ese fue uno de esos momentos únicos en la vida: yo había salido de mi casa hace tan solo cuarenta y cinco minutos, y ya estaba hablando con alguien que vio a mi papá la semana pasada, en contra de todas las probabilidades, en contra de cualquier lógica matemática de un ingeniero del banco Av Villas.

La señora de la pollería me dijo que no solo vendía carbón, sino también milanesas argentinas y que él compraba la materia prima para sus milanesas en la carnicería del mismo barrio. Me indicó con el dedo hacia dónde debía caminar para encontrarlo, tomé devuelta la fotografía y me fui para dicha carnicería.

Aceleré el paso, con la ansiedad que lleva el afán de responder una gran pregunta y llegué directo a la carnicería. Allí no quería dar grandes explicaciones de mi vida, así que entré y pregunté sin dudar:

—Buenos días, ¿usted sabe dónde puedo encontrar al argentino de las milanesas?

Los señores carniceros, sin dudar ni sospechar de mí, me dijeron que lo más probable es que lograra encontrarlo en el restaurante argentino que, como todos los otros negocios del barrio, también quedaba a dos cuadras de algún lugar.

—Usted va a reconocer el restaurante argentino porque en la puerta hay una gran bandera del país colgada.

Agradecí las indicaciones y me fui a buscar el restaurante argentino. En ese momento yo no sabía nada, pero me sentía muy cerca de encontrarlo, ¿quién era mi papá? ¿Será que mi papá era dueño de ese restaurante argentino? Solo había una forma de averiguarlo.

Atravesé las dos cuadras en dirección al restaurante cuando de repente la vi, la inconfundible bandera azul celeste de la República Argentina. Había llegado al restaurante. Me acerqué despacio para ver a través de una ventana: dentro del restaurante había un par de sillas y un señor sentado, leyendo el periódico. Yo solo podía ver sus manos sosteniendo el papel, pero por su postura puede percibir que era probable que este señor fuera el dueño del restaurante. Aún no veía su cara, pero pensaba: «¿será que es mi papá?». Decidí dar unos pasos más para revelar su rostro, vi un señor canoso, de la misma edad que podría tener mi padre, así que no espere más y entré al negocio para saludar. Cuando entré al restaurante, el señor dejó el periódico sobre el mesón y subió su mirada directo hacia mis ojos. Este señor tenía los ojos azules como el cielo, no era mi papá.

Entonces lo saludé, le puse la foto sobre el mesón y le dije lo mismo que le conté a la señora de la pollería: «Ando buscando a mi papá, este señor de aquí, solo que hoy debe lucir veinticinco años más viejo».

El señor del restaurante tomó con sus manos la fotografía, la observó por unos segundos, la puso sobre el mesón y dijo con su acento argentino: «No, nunca he visto ese señor», y así de cortante, sin más que decir, volvió a tomar su periódico con las manos, invitándome a salir con su actitud.

En ese momento se me acabaron las ideas, me sentía tan cerca pero tan lejos. Salí del restaurante con la sensación de no dejarme ganar esta batalla, así que volví a entrar, de inmediato, y le dije:

—¿Está seguro de que no lo ha visto? Su nombre es Adrián Alfonso. Él vende milanesas argentinas, también carbón.

Ante mi insistencia, el señor del restaurante volvió a tomar la fotografía y se quedó mirando unos segundos más. Después de un rato de silencio reaccionó abriendo sus ojos, tomó una gran ráfaga de aire con la boca y dijo en voz muy alta:

—Pero si este es Adrián Alfonso, es que en esta foto se ve muy joven, ¡cómo ha cambiado!

El señor del restaurante había reconocido a mi papá. Sacó una libreta y la abrió justo en la página donde salía el nombre colombiano de mi papá y un número telefónico. «Vamos a llamarlo ya, se va a morir de la dicha de saber que aquí hay un hijo suyo», dijo el señor.

En ese justo instante yo lo detuve y le pedí el favor de que no lo llamara, porque yo no sabía cómo reaccionaría si le decía esa noticia por teléfono, así que ideé un plan.

El plan

El plan era que mi nuevo cómplice llamara a mi papá y le dijera que en el restaurante había un señor interesado en comprarle milanesas, para así poder tenerlo de frente. De esta manera, el señor llamó a mi papá y él respondió el teléfono en poco tiempo

—Hola Adrián, ¿cómo andas?

Me pareció increíble pensar que la persona que estaba delante de mí estaba teniendo una conversación telefónica con mi padre el argentino, un ser que fue tan místico y misterioso durante toda mi vida. Pero ahora era una realidad, la conversación por teléfono fluía sin problemas.

Mi padre le dijo a su amigo que no podía ir porque se sentía un poco enfermo, pero el señor del restaurante le insistió diciéndole que tenía que venir, porque este tipo de negocio solo llega una vez en la vida, asegurándole que le iban a comprar muchísimas milanesas.

Mi padre accedió a la propuesta y le dijo que estaría en su negocio a las dos de la tarde. Era la 1:10, en 50 minutos, si todo salía bien, estaría conociendo a mi papá.

Pareciera que en ocasiones como estas el tiempo se burlara de nosotros, retrasando los segundos.

Yo miraba impaciente el reloj. Se acercaba la hora.

1:59 p.m., nada.
2:00 p.m., nada.
2:01 p.m., nada.
2:02 p.m., nada.
2:03 p.m. Llegó.

Apenas vi que mi papá se asomó por la puerta del restaurante lo reconocí inmediatamente, como si la sangre me indicara que esa era la persona que estaba buscando. También me ayudó el hecho de que venía de conocer a toda su familia en Argentina y mi papá tenía la figura inevitable de un Puentedura.

Siempre lo imaginé como un papá grande y fuerte, pero lo que yo vi ese día fue todo lo contrario, vi un señor bastante delgado, bastante canoso, bastante envejecido y frágil. Yo creo que no solo los años le pasaron factura, sino también sus andanzas.

Mi papá entró al restaurante y yo me le presenté al instante también con un nombre ficticio. Le dije que yo tenía una empresa y que estaba interesado en comprarle muchas milanesas para llevarle almuerzo a mis empleados. Le propuse que fuéramos a la tienda de al lado para tomarnos un café mientras hablábamos de negocios.

No le dio tiempo de saludar a su amigo del restaurante, él sabía toda la verdad y estaba un tanto nervioso. Así que llevé a mi padre hacia el negocio del lado. Él no tenía ni idea que estaba a punto de tomarse un café con su hijo.

Yo respiraba profundo y mantenía la calma, entramos a la tienda y pedimos dos tintos porque en las tiendas colombianas no solo venden pan con leche y huevos, sino también café o cerveza, dependiendo de la ocasión.

Nos sentamos en una pequeña silla metálica, uno enfrente del otro, y ahí entendí que este momento único en mi vida no duraría para siempre, así que traté de sacarle el mejor provecho y alargar, de forma divertida, el hecho de que mi papá no sabía que yo era su hijo. Así como comencé a contarle un cuento. Tenía mi padre de frente y le dije que yo era amante de la gastronomía, le dije que había estado haciendo un viaje por América Latina para descubrir sus mejores platillos y comencé a contarle la historia de su propia vida como si fuera la mía, dándole pistas en el camino para ver solo cuál era su reacción. «Me fui hasta la Argentina, recorrí el norte y conocí las milanesas en Tucumán, hay un muy buen restaurante allá llamado el restaurante de la tía Nena, cocinan delicioso». Justo ahí mencioné la ciudad donde él vivió tantos años y el nombre de su hermana, pero no había reacción.

Mi padre solo me escuchaba con atención y decía:

—Mirá, vos, qué lindo, che.

Yo continuaba mi relato:

—Después de Tucumán me fui para Santiago del Estero, qué calor el que hace allá, pero la cereza del pastel definitivamente fue Jujuy, me encantaron sus paisajes de montañas.

Seguía yo dándole pistas, mencionando ahora el lugar en donde él nació, no había reacción. «Mirá, vos» repetía él.

—Después de Argentina me fui para Santa Cruz en Bolivia, el cambio gastronómico es radical, muy interesante mi recorrido en ese país. —Le dije eso porque yo sabía que en Santa Cruz él había estado radicado unos meses antes de irse para Colombia. Aquí sí hubo reacción.

—Yo también conozco Santa Cruz, viví un tiempo allá, me respondió.

Fingiendo curiosidad de una historia que ya sabía, le pregunté: «¿Qué otros lugares del mundo conoces? ¿Dónde más viviste?». Me sentía como todo un detective de película. De repente, mi padre se abrió conmigo para contarme un poco sobre la historia de su vida, confesándome muy rápido que él también vivió en Panamá por un buen par de años. Cuando dijo Panamá, yo le respondí:

—Qué linda coincidencia, justamente en Panamá fue donde yo nací.

—¿En serio? Mirá vos —respondió con amabilidad haciéndome testigo de su tan popular carisma que hacía que le cayera rápidamente muy bien a todo el mundo.

Le dije:

—Sí, soy panameño, de hecho, tengo aquí conmigo una fotografía de cuando yo era bebé en Ciudad de Panamá, ¿la quieres ver?

—Claro, dale, respondió.

En ese momento metí mi mano en el bolsillo del pantalón y como si fuera un arma secreta, saqué la foto donde salimos él, mi madre y yo en Panamá, y la puse boca abajo sobre la mesa, la deslicé y se la entregué para que él mismo la levantara y pudiera verla. Él la tomó con sus manos, la acercó a su cara y la miró. Se quedó mirándola unos segundos que se sintieron como cinco horas, quieto, estático, inerte. Con su otra mano de repente alcanzó la taza de café, intentó tomar de ella, para darse cuenta de que el café hace tiempo se había acabado. Dejó la taza de café de un lado y a los pocos segundos volvió a intentarlo, como si la taza se hubiera llenado sola de café, el viejo estaba muy nervioso.

Yo interrumpí su silencio diciéndole:

—¿Otro cafecito?

Él me respondió:

—Pero claro, si tú eres mi hijo, Juan Felipe. Yo sabía que algún día te iba a encontrar.

Me pareció chistoso que dijera eso ya que para encontrar a alguien primero toca buscarlo, así como yo lo busqué a él, pero en ese momento no estaba para intentar entender la lógica de una situación tan inusual. Se paró entonces de la mesa y me dijo que se tenía que ir, que estaba en *shock* y que tenía que retirarse a pensar para digerir lo que estaba pasando, yo le dije antes de que se fuera:

—Toda la historia que te acabo de contar sobre Argentina es cierta, yo acabo de llegar de allá, pasé tiempo con tus hijos, tus hermanos y los nietos que no conoces.

Entonces volvió a sentarse para preguntarme sobre ellos, curioso por saber qué había sido de sus vidas, ya que en treinta años de silencio suelen pasar muchas cosas. Conversamos un rato, intercambiamos números de teléfono y me despedí. Quedamos en comer una *pizza* al día siguiente.

Salí del restaurante argentino y llamé a mi mamá: «Acabo de tomarme un café con mi papá, lo encontré, madre».

Una frase que yo jamás pensé en decir ya que solo hacía unas dos horas había salido de la casa. Ella gritaba de emoción. Luego llamé a mi familia en Argentina para darle la buena noticia. En ese país también se armó la fiesta, la familia Puentedura estaba conmocionada, llamándose los unos a los otros, pendientes de cada movimiento, de cada actualización de la noticia.

Yo no podía creer que en contra de todas las probabilidades había encontrado a mi papá. Así aprendí la segunda lección por parte de mi hermano el argentino y es que las cosas siempre serán posibles cuando intentamos que pasen, siempre hay por lo menos un 1 % de probabilidad de que algo ocurra.

Al otro día mi papá me llamó puntual a saludarme. Yo la invité a comer la *pizza* al apartamento en compañía de mi madre y Ernesto Woodcock, quien para ese entonces todavía seguía vivo y ya llevaba con mi mamá quince años.

La reunión fue todo un éxito, comimos *pizza* y tomamos vino como si fuéramos amigos de toda la vida, los cuatro, como si nunca nada hubiera pasado, olvidando todos los sucesos dolorosos vividos en Panamá, porque la experiencia de por lo menos conocer, por unas horas, al protagonista de tantas historias de mi infancia y de tenerlo de frente era más valiosa que cualquier intento de reclamar sucesos ya enterrados.

Mientras comíamos *pizza* yo chateaba con mi hermano el argentino y coordinamos para que él estuviera esperándome en Skype, conectado, mientras yo intentaba llevar a mi papá al computador para presentarle a Marito, su hijo a quien había abandonado hacía treinta años. Marito estaba conectado con su rostro en pantalla completa en el computador de mi casa. Yo le dije a mi papá que me acompañara un momento al estudio para mostrarle una cosa. Él me siguió y lo senté en la silla frente al computador, mi papá se bajó las gafas para ver de cerca la pantalla y dijo:

—¿Quién es ese?

—Hola papá, te quiero mucho, soy tu hijo Marito —dijo mi hermano.

De inmediato, mi papá se acercó a la pantalla, intentando abrazarla y los dos entraron en un llanto simultáneo del cual solo se escuchaban las palabras de mi hermano diciéndole en repetidas ocasiones cuánto lo quería. Así fue como aprendí la tercera lección de mi hermano, el argentino, y es que por más dolor que guardemos en el corazón cualquier batalla se ganará siempre y cuando respondamos con amor. Muchas eran las posibles palabras que mi hermano pudo haber utilizado después de todas las tragedias que vivió en Argentina, por el abandono de mi padre, similares a las que nos tocó vivir a nosotros en Panamá, pero mi hermano decidió, con sabiduría, que un «Te quiero» sería suficiente, porque el tiempo es mucho más valioso que el resentimiento después de treinta años de abandono. Eran muy pocos los años que le quedaban a mi padre para poder disfrutar, así fuera tan solo un poco, de la familia que nunca tuvo.

Mi papá estaba muy nervioso y no solo eso, estaba sumergido en la pobreza. Compartía un pequeño y oscuro apartamento con un reciclador, entre los dos lograban acumular lo suficiente para pagar la renta de un apartamento destruido, muy pobre y lleno de chécheres, maloliente y descuidado. Todo lo contrario a lo que logró construir mi tío Pedro, el que se quedó en Argentina luchando por tener negocio propio, demostrando así que no solo el que migra es capaz de cumplir sus sueños, son las ganas de trabajar por ellos, la constancia y el sacrificio lo que nos acerca a realizarlos. El hecho de no estafar a la gente y andar huyendo de la Policía también ayuda.

Fue difícil convencer a mi papá de que lo mejor que podría hacer era ir a Argentina a visitar a su familia. Por vergüenza él no quería hacerlo, pero, poco a poco, lo fui llevando de la mano por el camino hacia donde terminaría su historia.

Al otro día de comer *pizza* yo le dije: «Vamos para el centro comercial que quiero regalarte unas camisetas».

Y así lo hice.

—Esa ropita nueva podría verse bien en esta maleta, mira lo linda que es.

También le compré la maleta.

—¿Qué tal estamos de papeles?, le pregunté.

Ahí me di cuenta de que el viejo duró toda la vida indocumentado en Colombia, más de veinte años sin un papel que lo respaldara. Nos fuimos para la registraduría y, para nuestra sorpresa, logré sacarle una cédula de ciudadanía en tiempo récord. Él ya había sido registrado como ciudadano colombiano muchos años atrás cuando cambió su nombre de Mario Alberto Puentedura a Adrián Alfonso Rodríguez. Con esa misma cédula nos fuimos a la oficina de pasaportes y logré sacarle su primer pasaporte colombiano.

—Toma tu pasaporte, uno nunca sabe cuándo se necesite.

Mi papá ya tenía ropa nueva, una maleta y un pasaporte. Solo faltaba el tiquete aéreo, el cual compró el tío Pedro.

—Aquí tenemos una fecha tentativa para tu viaje a Argentina si así lo quisieras. La cosa es que toca decidir rápido porque este vuelo sale mañana, así que piénsalo esta noche y miramos qué pasa, —le dije yo a mí aún nervioso e indeciso padre.

Al otro día en la mañana fui a recogerlo a su humilde apartamento y le dije: «No estés nervioso, aquí nadie va a obligarte nada, pero trae tu maleta por si acaso y vamos al aeropuerto a mirar no más cómo te sientes».

Mi papá estaba un poco preocupado porque no sabía con quién dejar sus cosas, tenía una máquina para hacer milanesas y una bicicleta eléctrica, entre otros artículos desordenados en su pieza. Le dije que yo me encargaría de todo, que no se preocupara. Entonces aceptó mi propuesta y se subió conmigo en el carro en dirección al Aeropuerto Internacional El Dorado de Bogotá. Le ayudé a sacar su pase de abordar, lo acompañé hasta la puerta de seguridad, esa puerta donde solo entra quien viaja, haciéndolo el lugar idóneo para las despedidas.

—Tú ya estás listo para atravesar esa puerta, solo sigue las instrucciones y dirígete a la puerta 27, allá encontrarás tu avión. Aquí podemos despedirnos para que no se te haga tarde —le propuse, asumiendo que él estaba listo para irse, así no lo estuviera.

Él me dio un abrazo y me dijo: «Gracias, hijo, gracias por todo, yo te aviso cuando llegue allá» aceptando su inevitable destino, en pocas horas el viejo volaba a la Argentina.

Después del abrazo, mi papá se dio la vuelta y lo vi caminar hacia la entrada de migración, me quedé mirándolo hasta que dio la vuelta y no pude verlo más. Me quedé pensando que en este mismo aeropuerto, hace más de veinte años, llegaría un joven y fuerte hombre de Argentina con ganas de comerse el mundo, con ilusiones, sueños y expectativas sobre la vida. Años más tarde se devolvía un hombre, quien, enfrentando tantas derrotas, como solo él podía contarlas, dejó de soñar, ya que la vida nunca jugó bajo sus reglas.

Durante nuestras pocas conversaciones en esos tres días que lo vi, me confesó que no tenía más ganas de vivir, que fumaba hasta tres cajas de cigarrillo al día, que estaba solo, pobre, enfermo y deprimido. Todo eso podría verse muy fácil en su apariencia y en su estilo de vida. Con el tiempo la vida le enseñó que andar huyendo no es bueno para la salud y que la plata que llega fácil, fácil se va. Él ya no tenía las ganas ni la fuerza, tampoco el dinero. Fue para mí un gran ejemplo del resultado final de quienes no hacen las cosas bien desde un principio. Pobre mi viejo.

Después de dejarlo en el aeropuerto yo volví a su casa y hablé con su compañero de habitación, el reciclador, ya que mi padre me pidió encargarme de sus cosas.

—Todo esto que está aquí ahora es suyo, Adrián Alfonso no volverá, ¿está bien?

El reciclador me miró con cara de sorpresa porque no entendía nada, pero al mirar la bicicleta eléctrica y la máquina de milanesas, me dijo: «Sí, sí, está bien».

Jamás volví a ese apartamento en mi vida.

En Argentina recibieron a mi papá con el mismo cariño que me recibieron a mí, también hicieron el mismo *tour* que me hicieron a mí, fueron a las mismas ciudades de Tucumán, Jujuy y Santiago del Estero. Así como a mí que me recibieron con cariño, abrazos y besos; a mi papá también lo recibieron con el mismo amor, sus nietos lo llamaban «Abuelito» y lo abrazaban, unos nietos que un día antes de viajar no tenía.

De un día para otro mi papá estaba rodeado de familia, de gente que lo invitaba a comer, lo querían, le sonreían. Después de unos días viviendo en Argentina, mi papá dejó el cigarrillo y un día me llamó y me dijo:

—Gracias, hijo, recuperé el sentido de la vida, ya no quiero morir.

Mi papá no solo dejó el cigarrillo, sino que también ganó peso, se le veía más fuerte en las fotos, como ese papá que siempre dibujé en mi imaginación.

Pero tantos años de fumar también le pasaron factura, a los cinco años de estar viviendo en Argentina, disfrutando de los suyos, sufrió un accidente cerebrovascular que lo dejó en estado vegetal por unas semanas. Tanto humo en sus pulmones los había dañado, haciendo que no le llegara oxígeno suficiente al cerebro. La gente que sobrevive a un accidente cerebrovascular tarda mucho tiempo en recuperar la movilidad habitual de su cuerpo. Mi papá comenzó a recuperar el movimiento de una mano, las enfermeras se sentían optimistas, luego mi padre recuperó el movimiento del brazo entero. «Va por buen camino», nos decían del hospital.

Pero con el mismo brazo que ya lograba mover, mi viejo decidió desconectarse por mano propia, dejándonos a todos clara la intención de su esfuerzo por recuperar el movimiento de la mano, ya que él prefería estar muerto antes de depender de una máquina para poder respirar y murió.

A la fecha de haber escrito este libro puedo decir que la vida me dio tres padres a falta de uno, mi papá biológico, mi abuelo, con quien viví durante ocho años de mi infancia, y Ernesto Woodcock. Ninguno de ellos llegó vivo a los ochenta años, ya enterré a mis tres padres, algunos de maneras poéticamente hermosas, como la de mi padre argentino, quien al final pudo sentir el amor verdadero de una familia. Mi padre se fue este mundo entendiendo el verdadero significado de la palabra perdón, ya que ningún miembro de mi familia en Argentina le reclamó nunca nada. Todo lo contrario, sus brazos siempre estuvieron abiertos para recibirlo con cariño, el mismo cariño y afecto con el que vivió rodeado los últimos cinco años de su vida.

Siempre recordaré el día en que monté a mi padre en ese avión, ya que fue ahí, en el Aeropuerto Internacional El Dorado en Bogotá, que caí en cuenta de que ahora sí estaba listo para ir a congelarme las orejas a Canadá. Una semana más tarde estaba yo en el mismo lugar, empacando toda mi vida en dos maletas, para empezar mi nueva aventura invernal. Lo demás es historia.

A mi padre nunca le preguntamos nada, nunca le reclamamos nada, él tampoco nos habló del tema, al final y cabo ya era demasiado tarde para echar el tiempo atrás, lo sucedido ya pasó y es quien guarda el resentimiento, al final, quien más sufre.

Son muy pocos los seres humanos que responden con amor a quien nos da una bofetada. Esta fue la última e inolvidable lección que aprendí de mi hermano, el argentino, a quien le debo todo lo que sé sobre humildad y perdón.

Mi hermano, finalmente reunido con su padre.

EPÍLOGO

El viaje para entender que el mundo no es como lo pintan comienza en el interior, en el concepto que tenemos nosotros mismos sobre la realidad, de nuestro propio concepto sobre lo que está bien y lo que está mal. A pesar de que todos los seres humanos compartimos la experiencia de llamar hogar a esta gigante roca flotante que viaja a toda velocidad en un vacío infinito que se expande con gran afán, cada uno de nosotros le da su propia interpretación. Los humanos hemos dedicado gran parte de nuestra historia a darle significado a todo lo que nos rodea y muchos de nosotros nacemos para aprender lo que otros han concluido sobre el mundo y la vida, sin atrevernos a cuestionar.

Pero ¿qué pasa si todo lo que sabemos sobre la razón de nuestra existencia es tan solo un libreto preestablecido por los romanos o por quien sea? ¿Qué pasa si no estamos de acuerdo con las creencias o la lógica que nos han impuesto desde el día que llegamos a esta sociedad? ¿Pensar distinto nos hace unos inadaptados?

Pensar distinto asusta, sobre todo a las personas que nos enseñaron a tener miedo. El ser humano de por sí nace sin miedo, el miedo se aprende y una de las maneras de luchar contra él es obedecer, ya que salirse del camino es de ovejas descarriadas, hacer las cosas diferente es de locos, de inadaptados. Pero cuando sentimos miedo de no encajar, de morir de hambre, de ser juzgados, de ir al infierno o a la pobreza misma, nos volvemos mansos y fáciles de controlar, por eso es tan importante tener una sociedad llena de miedos.

Hay un viejo y sabio dicho que dice que «Donde manda capitán, no manda marinero». Yo reformularía ese refrán así: «Donde manda el corazón, no manda nada más» porque a pesar de que seamos ese ciudadano modelo que tanto quieren de nosotros, a pesar de que seamos presentables ante la familia, el trabajo y los amigos, a pesar de que tratemos de ser una persona 'bien', sino somos coherentes con lo que nos exige el corazón nunca podremos vivir una vida plena. Cada uno de nosotros sabe muy bien, en el fondo de nuestra alma, cuando hay algo que no funciona o que no tiene sentido en nuestras vidas. A eso yo le llamo el propósito, o más bien, la carencia del mismo.

Cada uno le da el significado que quiere a la vida, así mismo cada uno está en la libertad de encontrar su propio propósito, así este vaya en contra de lo que le gusta a su jefe y lo haga pelear con su mamá. Ir en contra de nuestro propósito causa depresión e infelicidad, venir al mundo a hacer algo que no tiene sentido para nosotros, le quita así mismo el sentido a la existencia. Pero para encontrar el propósito es necesario abrir la mente y salirnos del marco que nos han enseñado desde la cuna, es por eso que un viaje a tierras lejanas puede ayudar, para entender cómo funciona la vida en países de creencias opuestas al de nosotros. Al conocer un estilo de vida diferente, como el de las familias del basurero de El Cairo o los campesinos colombianos que cambiaron la coca por el turismo, por ejemplo, entenderemos que pueden existir múltiples maneras alternativas en el mundo para hacer las cosas diferente y tener éxito en el camino. Pero, sobre todo, lo que más nos enseña son los ejemplos de otras duras realidades, como la vida de los habitantes del desierto del Sáhara, el ejército corporativo de Japón, la cruda realidad de las mujeres que sobreviven bajo el régimen de opresión cubano, o las andanzas de mi padre, a quien la vida misma se encargó de cobrarle todo con los años, dándole al final de su existencia un descanso leve a su condena.

No solo para valorar lo que tenemos, sea mucho o sea poco. Muchas de las cosas que hacen parte de nuestra cotidianidad las damos por hecho sin saber que hay millones de personas en el mundo que darían lo que fueran por tenerlas, pero este no es un mensaje cliché sobre no dejar comida en el plato por andar pensando en los niños de África, esto es sobre todo un llamado a abrir los ojos, a conocer nuestras fortalezas y debilidades, a despertar la curiosidad sobre nosotros mismos, nuestros miedos y nuestras creencias; a preguntarnos si, de verdad, somos felices haciendo lo que hacemos, o si tal vez existe un mejor camino.

El propósito de nuestra vida no llegará solo, toca hacerle la invitación, intentar encontrarlo múltiples veces, tantas como sean necesarias, para darnos cuenta, tal vez, que nuestro propio mundo interior tampoco es como lo pintan.

Saludos a la abuela,

Chaolín.
Planeta Juan

Cómo disfrutar de un viaje por el mundo y no morir en el intento.

- Si va a viajar por siete días lleve siete camisetas. Si va a viajar por veinte días, lleve igual las mismas siete camisetas, las va lavando cada siete días; en todas partes hay lavanderías.
- Lleve chanclas, no solo funcionan como radar para encontrar caminos que conduzcan a la playa, sino que dan elegancia a quien las porta.
- No eche equipaje de carga en los aviones, siempre viaje con equipaje de mano para salir directo del avión hacia la calle sin esperar tanto.
- Hable con extraños y dígales que lo lleven a conocer sus hogares, esto siempre termina en buenas amistades y un vaso de agua.
- No todo debe ser fotografiado, a nadie en la oficina le importa sus fotos al lado de la Torre Eiffel, con una basta, disfrute el paisaje.
- No tenga miedo a que lo roben o lo maten, el mundo es mucho más tranquilo de lo que nos cuentan en las noticias.
- Deje de ver tantas noticias.
- Deténgase siempre al ver un gato en la calle para hablarle, también aplica para otros animales.
- Siempre haga videollamada con su abuela desde lugares asombrosos, ella estará muy feliz de viajar con usted desde la pantalla.
- Nunca rellene espacios innecesariamente, como esta lista, que fácilmente hubiera podido ser de solo nueve datos.

AGRADECIMIENTOS

Primero a mi madre por querer un futuro mejor para nosotros; salir adelante nos costó mucho trabajo y algunas cicatrices, enseñándome desde muy chico que para sobrevivir a este mundo se necesita fuerza y valentía.

A mi abuela (Lucerito) por regalarme la dosis necesaria de ternura que necesitamos los seres humanos para creer en el amor y en los lindos e invaluables regalos que nos da la vida, así como lo es ella para mí.

A mi padre, el argentino, por darme el privilegio de crecer con mis abuelos, la mejor experiencia de mi vida; a mi padre también le doy gracias por dejarme una linda familia en Argentina y, sobre todo, un gran hermano con el cual, desde que lo encontré, hemos sido muy cercanos.

Pero, sobre todo, quiero agradecer a toda la familia de Planeta Juan, a todas las personas que con mis videos han aprendido, soñado, reído y hasta llorado con las historias del mundo que me permiten contarles. Todo, incluyendo este libro, es posible gracias a ustedes y por ello no solo estoy agradecido, sino comprometido a seguir recorriendo el mundo para que sigamos aprendiendo juntos sobre él.

г.МУРОМ

Printed in Great Britain
by Amazon

56911510R00151